U0941579

读一页书，舔一口蜜

易本耀　怀旧船长　主编

F O L L O W

中国打工子弟心灵笔记

追随

浙江出版联合集团
浙江文艺出版社
读蜜传媒

北京读蜜文化传媒有限公司
策划

1 | 2 课间游戏
开心校园

3 瞧，学校鼓号队的小队员们多威风

4 2014 年元旦汇演

5 2014 年六一汇演

6　2005 年全国希望小学歌咏大赛，行知学校获古诗文诵读比赛二等奖、歌咏比赛三等奖

7　2006 年在《同一首歌》的录制现场

CCTV

9台
10台
京市打工子弟学校2008年秋季运动会
世界宣明会

8 | 10
9 |

参加 2007 年中央电视台春晚表演

参加北京市打工子弟学校 2008 年秋季运动会（资助单位：世界宣明会）

参加 2013 年“宣明杯”田径运动会

CCTV
总编室

全国人大代表、政协委员走进农民工子女学校

11 | 13
12 |

中央电视台总编室一行走进行知学校

河南籍全国人大代表、政协委员走进行知学校

2009 年 2 月 14 日 WCBA（中国女子篮球协会）全明星队员走进行知学校

激悦童心 星耀未来
Touching Young Hearts with the Joy of Rhythm
2010年6月1日

14 | 16 宝马公司的叔叔带孩子们去国家大剧院
15 | 孩子们和喜爱的六小龄童在一起
孩子们和喜爱的倪萍在一起

感谢更多的没有在此一一列出名字的单位和个人
感恩每一位关心、帮助过行知学校和打工子弟的亲人

目 录

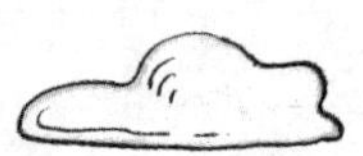

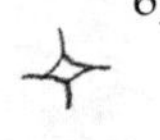

第二辑　我家

这是少年游子们的心声。他们在这里认识世界，在这里承接阳光，在这里感受心灵的悲欢。

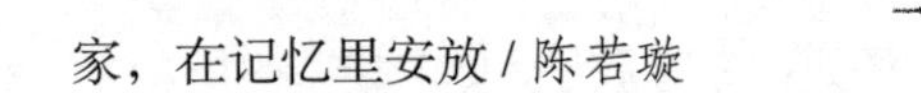

第三辑　父母

所有的爱，因为有了离情别绪而变得刻骨铭心。

第四辑　求学

打工子弟求学，多了许多艰辛。
但是我们仍然看到了一缕缕阳光。

第五辑　节日

节日是欢乐的，因为这种欢乐太过稀少；
节日是温暖的，因为这种温暖刻骨铭心。

第六辑　感动

因过早经历了人生的风霜，他们的感动
往往凝聚在某一时刻，他们的感悟往往更为深邃。

第七辑　联想

无论是有形的水，还是无形的水，
在孩子们的笔下都具有生命和活力。

第八辑　想象

美妙的文字从心里长出来，我们看到了一件件奇幻的事，更看到了一颗颗渴望的心。

第九辑　未来

孩子们出离现实生活中的烦恼，变得更加自信，他们在精神世界中构建着梦想的家园。

序一　愿你我他汇聚萤火之光

乐嘉

连夜读完孩子们的作品，闭上眼睛，坐了半晌，心情难以平静。

这个汇聚孩子们心灵笔记的集子，为我们描绘了一个未曾熟知的世界。和所有的世界一样，这个世界有爱和温暖，有泪水和欢笑，也有感动和迷惘。唯一不同的是，这世界里的孩子们，有一个特殊身份——打工子弟。

我在电视节目上看到过这个群体，但真正认识和了解他们，却是这次通过他们的习作。比起那些在温室里长大的孩子，他们太早地经历了人生的风雨，也磨砺出了生活的勇气。读他们的作品，我并没有在读以前以为或许会产生的那种同情感，更多的，充满了敬佩。一篇篇散发生活气息的文章，即使有那么些撕裂的苦痛，也能使你感受到苦痛之上的骄阳。

作为一个奶爸，我深切地体会到成长带给生命的欢喜。但是，打工子弟们的成长过程虽有动人时刻，却是被迫的、无奈的、残缺的、挤压的，大多数时候，除了无助，还是深深的无助。这些孩子们的父母都是中国公民，在城市建设大潮中奉献了血汗，可他们的孩子没有完全享受到全面义务教育的权利。对这些成长中的孩子而言，他们的每一年每一天都不可重来。

很多年以后，随着社会的进步和发展，“打工子弟求学难”

这一社会现象，必将成为漫漫历史长河中曾经的一个痛点，被轻描淡写地加以总结，让人们逐渐地淡忘，可是，那些身在其中的上千万打工子弟的曲折成长必然无法抹去——亲情的割裂、心灵的创痛、求学的艰辛、前程的迷茫……这些情绪累加到每一个活生生的个体身上，是生命之重，抑或生命之轻，或许谁都不能回答。

现在，对于我们来讲，无论困难多大，需要多少人经过多长时间才能真正解决，重要的是，我们必须意识到：孩子们不能等！孩子们也等不起！

庆幸的是，社会各界对打工子弟们的关注一直都在。

易本耀校长，筚路蓝缕，在为孩子们创造学习机会的道路上一走就是23年，其精神让政府、公益机构和海内外人士感动并付诸行动，数万名适龄儿童也因而免于失学。

怀旧船长，本书主编，多年来，栉风沐雨，奔走呼号，一直以来，身体力行，全心奉献，长期到打工子弟学校义务授课，引导孩子们写出情真意切的好作文。

我相信，本书出版后，所到之处，必将触及更多善良的人们柔软的内心，让社会各界更深入地了解这个群体，汇聚众人的力量，从而帮助更多的流动儿童扫除障碍，少受歧视，多获支持，顺利完成他们的学业。在我看来，对这些孩子们和无数打工者来讲，这就是天下最大的正能量了。

我，被他们的所作所为感染和激励。作为性格色彩学院的创办人，愿带动所有的性格色彩讲师，尽绵薄之力，为城市的打工子弟学校老师们义务讲授性格色彩课程，如有需求，请广大打工子弟学校联系我们。我希望，在儿童的成长中，老师经过专业的性格色彩训练，可以因人而异，因色施教，更好地引导孩子；孩子们也能够更加积极、健康、阳光，从而更好地认识自己、包容他人、奋发有为。

打工子弟是一个宏大的社会问题。解决社会问题，除了政策上的支持，更需社会各界共同努力。无论是物质层面的资助，还是精神层面的激励，或是学习层面的推动，都是孩子们迫切需要的。

你的关注，我的支持，他的帮助，哪怕只是萤火之光，一旦汇聚，大放光芒，就能照亮孩子们前行的道路。愿你我他结伴而行。

是为序。

序二　一曲动人的迁徙长歌

易本耀

我从事打工子弟教育工作已经23年了。在这8000余个日夜，我无数次问自己，究竟是何种力量支撑我一路前行？直到阅读了孩子们的作品集《追随》，听到孩子们真切心声的奏鸣，我的疑惑顿解：是孩子们孜孜以求的精神给了我鞭策和鼓励，是国家和社会各届的关爱让我葆有前行的勇气，是数万家庭的期待和嘱托寄予我无穷的力量。

我本是一名退伍军人，退役后在河南省息县粮食系统工作。1994年9月，我的妻子李素梅在北京海淀区五棵松一处菜地边

行知学校，搬迁至北京海淀区五路居时期（摄影 / 兰健，1999年）

上，因陋就简地组建了打工子弟学校。她忙不过来，就写信让我前往帮忙。在当小学教师之前，她曾经从事过扫盲工作，深知脱除青壮年文盲的艰难。说什么也不能让农民工随迁子女成为新文盲，这是她让我感动的信念。我当即停薪留职到她身边当起了打工子弟学校教师。

中国的改革开放解放了生产力，城乡发生了巨变，数以亿计的农村剩余劳动力背井离乡到城市务工。北京作为首都，数以百万计的普通劳动者加入了建设城市的大军。由于城乡二元结构的户籍限制和教育资源的阶段性短缺，大多数农民工子女要么留守，要么随迁。随迁子女上学困难的问题接踵而至。特别是在 20 世纪 90 年代，流动儿童失学率很高。哪怕是在菜地、工地、棚帐能上学，也比失学要好得多。

校园里没有娱乐设施，孩子们就在简陋的操场上玩耍（摄影 / 兰健，1999 年）

法国文豪雨果说：“多办一所学校，就少办一座监狱。”孩子们无论是何民族、出身，都有受教育的权利，都是国家的未来和希望。教育是民族振兴的基石，全民素质的提升需要更多关注底层青少年的成长。如何减少打工子弟这一新生群体的失学率，并无先例可循，也不可能在政策层面一蹴而就。孩子的年龄不能等，只能扑下身子探索，寻求解决的办法。

著名平民教育家陶行知先生是我万分崇敬的人。即使在长达 14 年的艰苦抗战中，他仍坚持为难童们办学。于是，我将我们开办的农民工随迁子女学校定名为“行知学校”，一是学习行知先生先行先试的实践精神，二是希望孩子们“知行合一，奋发有为”。

我像一只被赶上架的鸭子，摸索了 23 年。这 23 年，我与

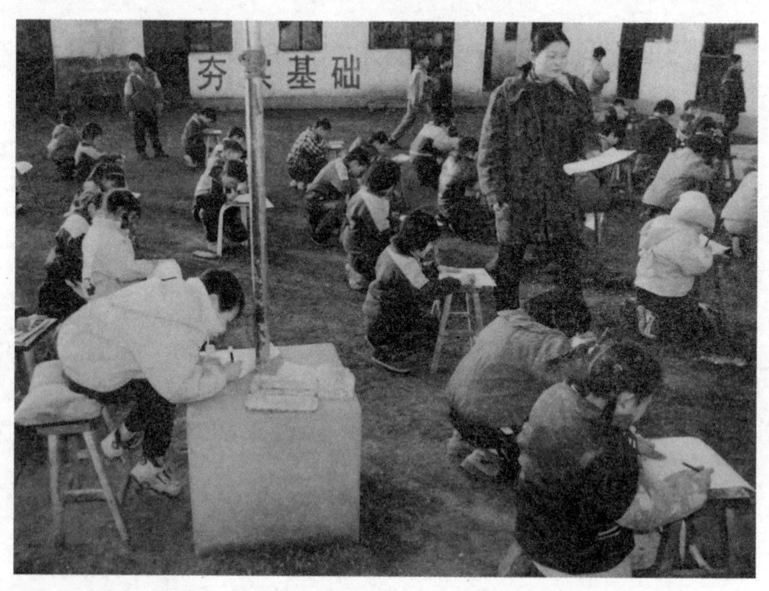

孩子们在露天“教室”里学习（摄影 / 兰健，1999 年）

孩子们经历了风风雨雨，每一步都走得极其艰难。没有校舍、总被驱赶、随时停课、经费困难……我与李老师以及陆续加入的同事们经过南移北迁，东搬西挪，克服了种种困难，尽力接纳着打工子弟们。

然而，23 年来，真正能使打工子弟免于辍学、持续求学的力量来自政府和社会各界。社会各界的帮助，像一盏灯，照亮了打工子弟的求学道路；社会各界更像一把无形的巨伞，始终在为农民工随迁子女遮风挡雨。政府机构特别是教育部、北京市教委、北京市海淀区教委的领导和同志们一直给予多方支持和帮助，最终让“北京行知实验学校”办学合法化，还投入资金为孩子们修建了校舍、给予了津贴；新华社、人民日报、中央电视台、光明日报、中国教育报等媒体不遗余力奔走呼吁，促

一张小板凳是随处可以写作业的课桌（摄影 / 兰健，1999 年）

了政策法规的出台和号召全社会共同关心打工子弟教育；中国青少年发展基金会、香港世界宣明会、联想集团、万科集团、总参三部八局；国务院发展研究中心信息中心主任赵树凯、《华声月报》杂志社原社长范东升、中国陶行知研究会原会长方明、美籍华人任玉书女士、中国青年政治学院教授史柏年、北京外国语大学教授吴青、北京语言大学教授谢晓庆等单位和个人，都给予了行知学校巨大的帮助；北京师范大学、首都师范大学、北京大学、清华大学、中国人民大学、中央财经大学、中央民族大学、中国青年政治学院、中国地质大学、北京外国语大学、北京第二外国语学院、北京交通大学、北京航空航天大学、北京理工大学等36所高校也委派志愿者到行知学校进行义务授课；中央人民广播电台、宋庆龄基金会、新东方集团、京海集团、宝马公司等纷纷捐资捐物支持办学。限于篇幅，不能将所有资助单位和个人的名单一一列出，但每一位帮助过行知学校和打工子弟的恩人，我和孩子们都永远铭刻于心！没有他们，行知学校无法坚持23年，也不能使几万名打工子弟免于失学。

党和国家领导人非常关心农民工随迁子女在城市接受义务教育的问题。习近平早在2007年就视察过上海市青浦区一所农民工子女学校，2013年又给农民工子女回信："看到你们健康快乐的学习生活和积极向上的精神状态，我同你们的父母一样，感到十分欣慰。"亲切勉励孩子们："少年有志，国家有望。希望你们勤奋学习、提高本领，热爱集体、团结互助，勇敢坚强、诚实守信，快乐生活、全面发展，努力成为中国特色社会主义事业的建设者和接班人。"原国务院总理温家宝非常关心农民工子女教育，2003年亲笔题词"同在蓝天下，共同成长进步"，并于2004年5月29日邀请行知学校的116名学生代表到国务院机关礼堂共庆六一儿童节，还亲手给农民工子女们背上新书包，送上学习用具。李克强总理在2015年3月明确要求“落实农民工随迁子女在流入地接受义务教育政策，完善后续升学政策”。党和国家领导人的亲切关怀，是全国2000多万农民工随迁子女的福音，打工子弟全面实现义务教育可期！

青青园中葵，朝露待日晞。行知学校的孩子们，晶亮的童眸里盛满故事。他们因随父母迁徙奔走，过早经历了人生的风霜，但他们心底流淌着纯洁的甘泉。他们不气馁，不抱怨，我手写我心，我心有明月。他们追随着父母的爱，播撒着希望的种子，用独到的观察、朴素的文笔、饱满的真情，向我们呈现了一幅幅动人的画卷：离别父母的苦痛，重回怀抱的温暖；都市生活的困顿，田园牧歌的悠扬；求学路上的挫折，迁徙途中的迷茫；课堂上的琅琅书声，操场上的奔放欢腾，首都北京的温暖……他们的渴望，他们的梦想，他们的诉求，都源自亲身的体验、心灵的感悟。

这一切，谱就了一曲动人的迁徙长歌，长歌中的每一节，都跳动着孩子们弥足珍贵的记忆音符。这曲长歌是一份礼物，给孩子们自己，也给我们。

孩子们用童言童语向我们讲述了打工子弟群体的生存现状。或许，这些作品稍显稚嫩，但其间闪耀着璀璨的光芒——天马行空的想象，细致入微的刻画，报效祖国的奇志，攻坚克难的决心。或许，这些文字会让我们反躬自省，映照我们或已失去的本真，鞭策尚在温室里成长的同龄人奋发图强。

我有幸见证了这一百多篇作文的诞生。它们是从一百多万字的课堂习作中筛选出来的。它们记录的不仅是打工子弟的心路历程，更是一个奔腾时代里容易被忽视的声音。我作为本书主编之一，除了删节极少内容和校正错别字外，基本让孩子们的作品保持了原貌。现在，我惴惴不安地将它呈现给领导、专家、学者和广大家长、同学们，希望它成为一座沟通的桥梁、一条连接社会各界的纽带，渴盼更多的人关注打工子弟的成长。

最后，我要感谢作家怀旧船长先生，不辞辛劳用长达半年的时间义务教授孩子们写作；感谢出版人金马洛老师，为本书的出版工作付出了艰辛的努力；感谢活泼可爱的孩子们，写出了感人至深的优秀作品。我相信，本书对行知学校而言，不仅是珍贵的记忆，更是一种鼓舞；对广大打工子弟而言，不仅是写作上的参鉴，更具有激励作用。

感谢您能阅读此书。囿于知识水平，所述不当之处在所难免，恳请各界人士批评指正。

2017 年 5 月 20 日

序三　写作是心灵的出口

怀旧船长

1999 年冬天，我在北京万寿路街头的电线杆上看到一则广告：请问你是打工子弟吗？请到打工子弟学校来上学。当时做记者的我，记下电话打了过去。电话里是一个疲惫的男中音。他就是当时中国最大的打工子弟学校——北京行知实验学校的校长易本耀先生。

次日，小雪。当我和同事兰健走进位于北京海淀区五路居一个废弃的工厂时，被眼前的景象震住了：飘着雪花的露天地里，成排摆放着小板凳，穿着各色衣服的孩子们拖着鼻涕搓着冻得通红的小手，趴在小板凳上答题。由于教室不够用，只能在露天地里考试。而他们的校长，将我迎进没有暖气的狭小板房，开始了一天的采访。

京城有家流动学校

1999 年媒体报道《京城有家流动学校》（剪报）

行知打工子弟学校创办于 1994 年，在北京五棵松菜地的泥桌椅上诞生，学生家长是来自全国的在

2016 年 3 月 9 日，怀旧船长重返行知学校进行公益授课（摄影 / 祁婷婷）

京务工经商人员，因无北京户籍和收入低微，孩子无法进入公立、私立学校上学。打工子弟学校这一新出现的社会现象处在边缘和夹层，国家在法律层面并无涉及，故学校屡遭停课、驱赶，搬迁频繁，处于流动状态。易本耀校长以“当代武训”的精神，艰难办学，尽力减少流动儿童失学。

我发表了长篇报道《京城有家流动学校》后，被全国 60 余家媒体转载，影响海内外。香港“世界宣明会”、华侨任玉书女士等机构和个人纷纷伸出援助之手，维系着学校的生存。学校规模最大时，学生超过 6000 人。

斗转星移。倏忽 16 年过去，坚忍的易校长已华发苍颜，但他的坚持使 72000 多名打工子弟免于失学。这 16 年间，我也从一名记者成长为作家，虽与易校长的联系从未间断，但除了奔走呼吁并无实质帮助。后来我认识到，写作是心灵的出口，更是一种自我疗愈，帮助孩子树立自信和掌握技能极为重要。2015年冬，我和出版人金马洛再次来到已迁至北京海淀区龚村的行知学校，希望略尽绵薄之力，用一学期时间教导孩子们写作。

于是，就有了再次与行知学校结缘的机会，也有了本书的诞生。

2016年上半年，因京城交通拥堵，我每次上课都要在凌晨五点以前起床，穿过北京城到行知学校授课。由于学校没有礼堂，只能将两个班64名适龄孩子合并在一起上课。从冬至夏，我经历和体验了与孩子们心心相印的学习历程。我常常被孩子们孜孜以求的学习精神感动，也被他们的改变和进步所震撼。

有一位叫热依拉的新疆维吾尔族女孩，插班来的，汉语听说读写都很困难，第一篇作文写了几十个字，拼音居多且错漏百出。她胆小内向，下课时不敢跟汉族的小朋友一起玩。我找她聊，告诉她我可以做她的父亲，会像对女儿一样关爱她，让她刻苦习字。同时，我在课上号召同学们要与她一起玩，因为无论什么民族、来自什么地方，都是我们中华民族这个大家庭里的成员，互敬互爱才是好同学。不久，我观察到她在下课后已和同学们一起踢毽子了。更为可喜的是，在我的鼓励下她刻苦学习，写作水平大幅提升，到期末时已能写出七八百字的良好等级作文《维吾尔族的小孩上学好难啊》。

刘耀娜是一位从小经历磨难和痛苦的女孩，有一次训练写作时她拒绝写妈妈。我问她为什么，她眼泪下来了，低声说妈妈双腿残疾做网店客服被人看不起……我告诉她，妈妈残疾更应该受到关注和尊重。细问之下，她才吞吞吐吐讲了自己的故事——妈妈从小残疾，嫁给爸爸后遭到毒打，后来在姥姥的帮助下从内蒙古逃到北京谋生。我当即在课上给孩子们讲，一个人无法选择自己的出身，小孩子也难以改变生存现状，但我们都是平等的人，你的妈妈身残志坚自食其力，是我们学习的榜样，我们都应当敬重她！你要用勤奋的努力取得成绩回报妈妈。耀娜从那天起眼神里有了光泽，学习异常勤奋，别人练习句子写一遍，她要写三遍、四遍。几个月后，在作文颁奖典礼上，她的妈妈坐着轮椅来了。当中央人民广播电台主播小曾老师朗读她写的关于母亲的作品《挫折》时，在场上千师生和家长都被深深感动，易本耀校长更是数度失声、泪如雨下。我透过迷蒙的泪眼，看到坐在轮椅上的刘妈妈和站在领奖台上的女儿都绽放出美丽的笑容。

作文即做人。若在思想上出现偏差，再好的文采也难写出优秀的文章。陈思雪来自黑龙江，当我在课堂上要求写父亲时，她说自己没有父亲。细问之下，她才说父母离婚了。提到父亲

2016 年 6 月 13 日，行知学校作文训练成果颁奖典礼 （左二：易本耀）

时，她咬牙切齿。我当即给同学们讲，离婚是上一代人的事儿，孩子并无责任，而父母生养自己的事实永不可变，绝大多数父母都是爱自己的孩子的。我建议她学会与父亲和解。思雪后来告诉我，她主动与父亲联系后得到了回应与疼爱，她的作文《天使战胜了魔鬼》写的就是这件事。

所有的孩子都有写作的潜能。经过训练，64 名孩子写出了 105 万字的作文，其中有 56 名同学的作品入选本书。本书收录的 112 篇作品，全部为北京行知打工子弟学校小学六年级学生当堂在 40 分钟内完成的习作。作者 56 名，年龄为 11～13 岁，来自全国 15 个省（市、自治区）36 个地区。他们的作品或许还有许多不足，但毕竟只有十二三岁，未来仍有很大的提升空间。作为他们的老师，我感谢孩子们付出了辛勤的汗水，让美妙的文字从心里长出来。

这些孩子用积极的心态审视过去，用切肤的感受记录当下，用奔涌的才思绘写未来，向我们展示了一个由纯净心灵构画的世界。宋宇欣的《追随》以一块奶糖的甜反衬出万千打工子弟离别的苦，郝佳睿的《虚落的红灯笼》描绘了留守儿童内心的孤寂，郭奇的《北京，我一定会回来的……》发出了一个有志少年对教育不公平的呐喊，周可心的《拨浪鼓》用古代寻亲信物的剧情刺痛了读者的心，薛格鑫的《心安之处即为家》写出了流动儿童强大的自适能力，卜令全的《工地上的父亲》刻画了一个城市建设者的质朴形象，高幸福的《感动》抓住平凡的细节展现了深沉的父爱，万旭阳的《习惯》用生动的故事诠释了“习惯决定命运”这一深刻主题，张雨欣的《意外之旅》以小水滴的故事喻示“奉献的生命最美丽”，杨佳钰的《幻湖》以绝美的文笔书写了一曲环保的警歌，王志豪的《我把星空搬进屋》通过心灵的镜面反射出少年的渴望，黄抒涵的《虚实之间》极富才情地构建了想象力与科技发明之间的内在联系……

孩子们的作品，带着乡土气息，带着一种奇崛之力，带着无限的希望和憧憬。我与他们相处半年，也被他们的精神所感染。我坚信，他们是祖国的未来，他们的声音将被更多的人听到，他们的笔下也必将出现更多更好的作品；我也相信这些作品会被同龄的孩子所参鉴，感知他们的为文与为人，砥砺奇志，奋发有为，实现有价值的成长；我更相信本书会成为一条连接社会各界的纽带，必有更多的教育工作者参与到打工子弟的教学实践中来，让打工子弟们同享教育资源。

最后，感谢易本耀校长邀我与他共同主编此书，让这部打工子弟作品成为行知学校建校二十四周年的一个纪念。感谢北京读蜜文化传媒有限公司的创始人金马洛先生，在作文教学和编辑出版本书的过程中给予大力的支持，让这些源自心灵的文字能与广大读者见面。

2017 年 3 月 18 日于北京

第一辑　追随

追随，是最原始的爱。

我国有 2000 多万儿童跟随父母在异乡漂泊。这是城乡巨变的历史必然。

但是，对于每个儿童而言，他们并不关注时代的变迁，也不能理解。他们只关注最实际的爱与呵护——他们的学习需要更好的环境，他们的成长需要父母的陪伴，他们的内心需要特别的关注。

本辑的主题是“追随”，通过孩子们澄亮的眼睛和切身的感受，映照出他们的心灵。这些文章的珍贵之处在于本真。倘若用成年人的目光去审视，或许尚有许多不足，但当我们真正俯身聆听一个孩子的诉说时，我们的心灵也会经历一次洗礼。

追 随

宋宇欣 女 12岁 籍贯黑龙江牡丹江

我抽屉里有一个小盒子，小盒子里装着一颗奶糖。这颗糖里包含的痛苦，比糖分还高。

那天，天阴得很。乌云好像是预知未来的天神，为我哭泣。我躲在姥姥的小屋里，和姐姐一起玩躲猫猫。妈妈她们不知道在干什么，在西厢房嘀嘀咕咕的。姥爷已经做好了饭，虽然热过几次，可还是没人吃。

我们玩累了，径直走向西厢房。当我推开门时，屋子里瞬间安静了。只见妈妈把食指压在嘴唇上，眉头紧皱，脸上却挤出了几丝微笑。

妈妈把我领出屋去，走到大院的一个角落。她手里拿着两块糖，一块放在我的手里，一块剥好后放进我的嘴中，问我："糖好吃吗？"我点点头。妈妈说："那我再给你买些吧。"我分明看到她眼眶中盛满泪水，但那时，我以为是被雨水打湿的。

只见妈妈慢慢起了身，手紧紧地抓着我的袖口，脆弱的布好像都要被抓烂了。妈妈终于松开手，缓缓地走向大门，时不时往后望上几眼。我看到妈妈苍白的脸和嘴唇，在阴天下如同白纸，她的嘴角下垂，在微微抖动。多年以后想起，这一幕仍然像发生在一分钟前。

当时，我边吮着嘴里的甜蜜，边睁大眼睛看妈妈。直到她走出大门消失在风里，我也没有觉得奇怪。

我转头望了望我家的小门，姥姥姥爷都如同木头人似的立在门口。就连性格急躁的姐姐，也乖乖地站在门边，下巴贴在胸脯上方，像是做错了什么。姥姥的眼角也快要流出泪水。

我满不在乎地说："怕什么，妈妈给我买糖去了。"说完，我便拿起手中的糖，想剥开吃掉，尽管嘴里的那块还没吃完。

雨陡然下了起来。姐姐突然跑过来，使劲摇晃我的身子，哭着说："妈妈走了，妈妈不回来了！"我手里的糖立刻掉在地上，我的眼泪如黄河水一样汹涌。我飞奔出去，在大雨中追赶我的妈妈，但是我的步子太小，追不上。我放声呼喊，可是回答我的，只有连天的雨水跌碎在地面发出的哀号。

姐姐冲出来，紧紧地抱着我，把那块没有剥开的糖塞进我的口袋里。

这块糖一直陪伴着我。它在一千八百多天里没有抛弃我。

那年我七岁。

我的老家在黑龙江的乡下，那个地方有奶糖，但我恨那个地方。从我的家乡到北京只有千里之遥，但我和姐姐却用了五年的时间才追随到妈妈的脚步。也许，妈妈也有自己的苦衷，她也用全部的爱作了弥补，但逝去的童年不像奶糖一样可以保存。它永远不可追回。

怀旧船长点评：一块奶糖，五年离别，也是五年相思。家乡，有幼时的女儿念念不忘的甜蜜奶糖，有带给她与妈妈隔绝两地的些许怨恨。或许在长大以后，女儿会理解母亲，渐渐释怀，但童年铭心刻骨的记忆却很难消除。作文朴实无华，呈现的画面裁剪得当，道尽了万千打工子弟的心声。

从我的家乡到北京只有千里之遥，
但我和姐姐却用了五年的时间
才追随到妈妈的脚步。

虚落的红灯笼

郝佳睿 女 13岁 籍贯青海西宁

大红色的灯笼高悬在院门外的门框上。这一大溜的红，虽将巷子的热闹渲染得更加强烈，但愈发浓烈的，还有我内心的空落。

今天是大年三十，我倚靠在掉了漆的门框上，向那没有路灯的黑暗小路一直张望。

在外打工的父母，答应我他们今天会回家。虽然他们的承诺是那么敷衍和不可信，但我还是如前几次过年一样，守在他们归家的唯一一条小路上。

夜愈发地黑，镇子上空的欢腾像海水退潮一样渐渐隐去，红灯笼的光也疲惫了。他们果然没回来。红灯笼的光透过纸窗洒在我的小床上，静静地聆听我无声的啜泣。

第二天的太阳照常升起，我揉着红肿的眼睛，走出院门。地上铺着碎碎的爆竹纸屑，像开了一地的红花儿，尚未消散的火药味儿刺激得我鼻子发酸。突然，一阵汽车马达的轰隆声伴着呛人的汽油味朝我扑来。尘土过后，眼前是一辆锃亮的小轿车，一个西装革履的男人从车上走下来。他微笑着递给我一张纸。

当晚，我怀抱着背包，坐上了他们的小轿车。一路上副驾驶上的男人在颠簸中滔滔不绝地讲述 VR 技术难以置信的种种神奇之处。那个什么 VR 真的有那么神奇吗？我真的可以拥抱多年没见到的父母吗？天刚露出鱼肚白的时候，我顶着像墨染的黑眼圈，跟随他们来到了此行的目的地——一个布满了蜘蛛网般电线的小屋中。

工作人员安排我坐在一把皮质躺椅上，用一副沉重的潜望镜似的头套遮住了我因激动而发亮的眸子，黑暗霎时笼罩了我。正当我疑惑之时，眼前忽然一亮：我竟坐在自己家里！不对呀，难道他们这么快又把我送回去了吗？

一阵轻柔的敲门声响起。一拉开木门，我的呼吸就屏住了。面前的二人竟是我的父母。他们穿着那身我无比熟悉的衣服，跟我每日细细凝望的照片上的一模一样，脸上泛起岁月的刻痕，头上也掺杂了些许银丝。但那世间最温暖的笑容涌入我的心间，将我麻木的四肢唤醒。我冲上前，用尽全身力气紧紧环抱住他们，像是抓紧流于指缝的细沙。是的，我害怕他们还会走，然后又一次次地让我等待，继而失望。我将脸深深埋进他们怀中，闻着父母衣服上淡淡的肥皂味和长年奔波的沧桑味道。

母亲的声音依旧那么温柔："宝贝，我们回来了。"

只是一句话，让我的眼泪更像破冰的泉水一样涌出，幸福的咸味流进我嘴里。父亲厚实的镜片上也蒙上了一层水雾。

"爸，妈……"我越来越酸涩的鼻子让我无法说出一句完整的话。

我握紧他们的手，正要拉着他们迈进门槛时，眼前突然陷入黑暗，手中也没有了那两只我明明握得很紧却不太温暖的手。

爸爸呢？妈妈呢？我们的家呢？我哭喊着，手不停地在黑暗中乱挥，渴望触到什么。直到工作人员取下VR头套，我才猛然清醒，这不过是幻象罢了。可是，我脸上和身上的泪水，那仍萦绕在我鼻子下的肥皂味儿……一切又是那么的真实。

又是一个大年三十，红灯笼上蒙了一层灰，但那红光并没有因此减弱。我依旧倚靠在门框上，凝望那条期盼的小路。夜在雪中沉寂，我呆坐在小床上，却挤不出一滴眼泪。那个只会让人更加痛苦的VR，我也再没有体验过。

虚拟技术不管多么发达，永远也代替不了实实在在的亲情陪伴。

怀旧船长点评：小作者巧借现代科技这一道具，通过VR（虚拟现实）技术让几个春节未见的父母回到老家，然而幻象短暂，现实依旧。通过现实与幻象中儿童内心的情感冲撞，将一个留守儿童内心强烈的渴望通过现代科技呈现的幻象来表达，角度新，立意高，读来真切感人。幼时父母的亲切陪伴，就是最好的教育。这不仅是成年人应该都懂的道理，更是孩子们内心的呼唤。本篇作文后来发表在《西海都市报》校园版头条。

血泪铺成的幸福路

刘耀娜 女 12 岁 籍贯内蒙古武川

小屋的地上一片狼藉。饭碗的碎片、断腿的椅子，露出大窟窿的电脑显示器屏幕，还有裂成两半的锅……床上躺着一个浑身散发着熏人的酒气、呼噜打得像闷雷的男人。

地上，一个女人擦掉额角的血痕，吃力地用双手转动轮椅的车轮穿行于那些碎片中间，一脸的坚毅。她收拾了一个简单的小包，朝着一个七八岁、正在抹眼泪的女孩招招手，低头耳语了几句。小女孩点点头，抬手抹掉脸上的泪，也开始收拾桌上的书本。不一会儿，小女孩推着轮椅轻轻地走出小屋，一大一小两个人一起头也不回地消失在黑夜中。

这两个人就是我的妈妈和我。妈妈从小双腿就残疾了，一生只能在轮椅上度过。几年前，妈妈带着我在姥姥的帮助下，好不容易从乡下老家逃到一座城市里。没想到刚刚稳定下来不久，远在老家的爸爸打听到我和妈妈居住的地方，找上门来了。他从下午进门就开始骂，妈妈只是坚决地告诉他绝不会再跟他回去，然后再不说话。爸爸骂累了，可能酒瘾又上来了，跑出去把自己喝得烂醉，又回到我们租住的小屋纠缠，一阵雷雨般的咆哮之后就是砸东西，还把妈妈打得头破血流……终于，他砸痛快了、闹累了，就倒在我们的床上昏睡。妈妈偷偷给一个住在附近的朋友发了条短信，让他在外面接应我们，送我们走。妈妈跟我说，爸爸已经丧失理智了，为了不让他再伤害到我们，我们必须逃走，躲得越远越好。

我和妈妈一路奔波，来到了内蒙古呼和浩特，在大姨一家的资助下，再次安顿下来。可才住不到一年，姥姥来电话说，爸爸好像又打听到我们的下落了，让我们娘儿俩注意安全。“爸爸”两个字，对我来说不但陌生，而且简直就是“噩梦”的代名词。从我出生起，他就一直嫌弃我是个女孩，若是没有妈妈，我早没命了。我觉得他简直就是阴魂不散，可我和妈妈也打不过他，只好继续逃亡。

我们来到了北京，妈妈找到了适合她的工作——网店客服，这样她可以坐在轮椅上敲打键盘。在好心人的帮助下，妈妈跟爸爸终于把婚离了。我们还添了一位家庭成员——我的新爸爸。新爸爸很照顾妈妈和我，说话做事和风细雨，我从小就绷紧的心终于放松下来。

我和妈妈追随幸福的路比别人都要艰辛，但我们做到了。我要感谢妈妈，不管多么艰难依然对我不离不弃；也要感谢我的新爸爸，是他给了我一个完整的家，让妈妈体会到了生活是多么的美好。

怀旧船长点评：在我的学生中，刘耀娜同学属于基础中等偏下的水平，但经过顽强的努力也同样能写出感人肺腑的文章。就像我曾在课上反复强调的，苦难是人生的财富。对于孩子而言，无法选择出身和父母，唯有孜孜以求，方可改变命运。本篇实录孩子艰辛坎坷的成长历程，折射出不幸福的婚姻中母亲为了新生活的努力和顽强，对孩子也是最好的言传身教，最终母女俩获得了想要的美好和幸福。通篇读来，让人对坚强的母女俩肃然起敬。

妈妈回来接我了

陈若璇 女 13岁 籍贯河北保定

又是一个星期一的早晨，阳光洒满整间屋子，使这间屋子显得金碧辉煌。刚从美梦中醒来的我，并没有因为这样的好天气变得多么开心。

那是一个我常做的梦。梦中，总有一个女人出现在我眼前，可我看不清她的脸。我不认识她，她却一直在呼唤我的名字……每当我做这个梦时，脸上都会浮现出前所未有的笑容。

下午放学时，我习惯性地等着其他同学走完了后才出来。望着那一个个有家人陪伴的同学的背影，我的鼻头不禁一酸，但还是忍住了没有落泪。走出校门，门外已空无一人，我倒吸一口凉气。正打算回家时，才发现角落里有个与我梦中十分相似的女人，小偷一样站在那里。

我的脚不听使唤，竟向那个女人走了过去。越接近她，我就越能感受到温暖，好像她是太阳的女儿一样。直到走到她面前，我才结结巴巴地开口问她："您是来接孩子的吗？这所学校的人都——"

还没等我说完，女人叫了一声："若璇！"

顿时，我的心剧烈地跳动了一下。我连忙抬头看向女人：前额厚厚的刘海，那张布满“芝麻”的瓜子脸上，一张红润不失光泽的小嘴在嚅动。这是妈妈？只是，梦里的妈妈好像没戴眼镜呀……

我的直觉告诉我，她就是妈妈！但我突然想起奶奶叮嘱的话：最近人贩子很多，不要和陌生人搭话。我正犹豫着，她摘下眼镜，露出了那双已被泪水浸得有些红肿的眼睛，再一次低声呼唤我的名字。泪水在我眼眶里转，我终于抬起了头，大声喊道：“妈妈……”

她张开双臂一把把我抱紧，任凭泪水浸湿衣衫。我死死抓住她的衣服，不愿松开，嘴里不停地喊着：“别走了，求求你，别走了！”妈妈轻轻抚摸我的头发，喃喃地说着什么。不知这样过了多久，我渐渐失去了意识。

等我醒来时，才发现自己躺在一张床上。我以为自己又做梦了。这时，一个温柔的声音再次呼唤我的名字：“若璇！”我连忙向这个声音望去，看到了熟悉的脸。我掐了一下自己，是疼的，疼的，这不是梦，是真的，我的妈妈回来找我了！她还要带我到北京上学。我再次拥抱了妈妈，眼角残留着幸福的泪痕。

妈妈，谢谢您。谢谢您回来找我，我将追随您的脚步，无论天南海北！您的爱将会成为我人生路上最大的动力。

怀旧船长点评：在古诗词里，离愁别绪主要发生在成人身上；在城乡巨变的今日，亲人离别的伤痛充塞着孩子们的心灵。本篇将梦境与现实强烈对照，写出了无法分离割舍的母女情。文章描写得当，情绪饱满，令人感伤。

恨您，也不及爱您入骨

张仪漩 女 12岁 籍贯河北保定

夜，下着雨。雨水顺着头发滑向背后，但先湿润的不是后背，而是眼眶。雨大了起来，像针扎，像锤子，直击我的心。看着这个我待了五年的院子，直到现在才发现，原来这个院子这么大，以后我就不可以在这个院子里玩了，因为奶奶告诉我，妈妈来接我了。

知道这个消息的我，并不开心，反而很难过，甚至还带着仇恨。我不想离开这个我待了五年的地方，也不想离开被我认作“妈妈”的奶奶和家里最宠我、什么都依着我的爷爷。我不想离开他们。

我恨妈妈，我恨她。她在我三岁时就把我扔在了这里。那天的天气很晴朗，我的心可就不一样了，有如晴天霹雳。我才三岁，什么也不懂，很傻很天真，根本不知道世界上还有“骗”这个字。当妈妈连哄带骗地叫我去找小朋友玩的时候，我还很开心。因为妈妈知道我很乐意与人分享，妈妈给了我两根棒棒糖，让我分给小朋友吃，她和奶奶说会儿话。我就迈着小碎步走开了。殊不知，我刚走开，她就提着箱子往外跑。等我发现不对劲，转过头来时，竟只留下了那扬起的尘土跟我说再见。我快速地恢复了意识，拼命去追那已经消失在我视线里的车，一边奔跑一边叫“妈妈”。我才三岁，怎么可能追得上？跌倒了又爬起来之后，一双肉肉的小手通红通红的，渗出鲜血来。奶奶也看见了我，这么一会儿的时间，我不过“奔跑”了四五米远罢了。就这样，妈妈在我的记忆里消失了五年。

今天，她终于来了，来接我了。可为什么，我一点都不开心呢？

“嘀——”一阵刺耳的汽笛声传入了我的耳朵，打断了我的回忆。一束刺眼的车灯直射眼睛，我定睛看去，心里痛了一下。我听见一个如清泉般动听的声音叫着我的名字。顺着声音看去，那是一张熟悉的脸，还有那熟悉的动作。只是，我讨厌她的笑。我想知道，为什么当年那么狠心把我抛下？我恨她！但看见她再次向我张开双臂时，我又不由自主地拥了上去。

我恨您，但也不及我爱您入骨。

妈妈，看吧！我长大了，我终于实现了我五年来的梦想！我终于追上了您的脚步，我终于追到了母爱！

怀旧船长点评：爱，恨，本如硬币的两面。女儿从小被迫与母亲离别，而且长达五年之久，心中是带着怨恨的。但这种恨意在母女重逢的那一刻，被藏得更深的原始的爱击碎，反而使爱冲突出来，更为强烈。这种心理和情绪的处理在行文上本有难度，但小作者只需照实记录生活已脱离俗套。故说：生活才是最好的创作源泉。

久别的怀抱更温暖

李欣怡 女 11岁 籍贯河南信阳

晴朗的天空，却没有因为阳光的抚摸而温暖。风，牵动着叶，叶随着风轻轻舞动。天空中成双结对的鸟儿显得多么相亲相爱，白云也一朵接一朵在天空中飘动。花儿在阳光的滋润下绽放出美丽的笑容，蝴蝶欣赏着花儿美丽的娇颜。但，我的心并没有被这些美景吸引，而是早就被别的东西捉走了。

经过一路颠簸，火车终于停靠在站台上。第一次独自出远门的我，背着背包，怯怯地立在站台上。人群涌动的车站在我眼中是个陌生的世界。但为了重回母亲的怀抱，我愿意等。

看着扛着大包小包朝着各个方向奔涌的人们，我站在原地一动不动。终于，母亲的身影出现了，越来越近。阳光照耀着她晃动的脸庞，有点模糊，而我没有一丝熟悉的感觉。她朝着我一点一点靠近，用带着笑的泪眼一直望着我。她的身影随着她轻快的脚步越来越高大。我强忍着眼眶中饱满的泪水，内心正在做激烈的斗争。母亲挂着满脸的笑容依然向我逼来，只是那步子加快了节奏，隔着两米远时，她伸出胳膊扑向我，迫不及待要抱住我。

我直挺着身子，心软软的，身子却故意绷得硬硬的。明明心里想要靠近，身子却在阻止着我。被她猛然一扑，我差点仰面栽倒，后退了两步。快要倒下的身子被母亲及时稳住的脚步拉住了。她用那双曾经无数次牵着我的手抱着我。我呆呆的，接受母亲爱的洗礼。我抿着嘴，眼睛始终不愿眨动，生怕一动，泪水就会滴落下来。但我究竟没能抵挡爱的温暖，泪水一颗又一颗滴落在母亲的胸脯上，我也似乎感受到了母亲那久别重逢的惊喜，也似乎感受到了她那泪流不止的脸上的伤心。

母亲用爱软化了我的身子，我终于伸出手，紧紧抱着母亲，不愿放手，因为我害怕我一松手，就再也触不到了。我闭眼感受母亲温暖的怀抱。这久别的怀抱，让那些“小小”的怨气消失了。想想当日分别的不舍与痛苦，再想想现在的幸福与快乐，我露出了欣慰的笑容。

以后，我要紧跟母亲的步伐，追随伟大的母爱。这样，我就不再孤单、害怕、无助；这样，我就永远温暖、快乐、安心。

怀旧船长点评：人生由一个又一个的片断构成，而最动人的片断之一，莫过于母女久别重逢的那一瞬。本文聚焦这一瞬间，通过详细的描写，细腻地呈现了孩子在久别重逢的那一刻心情的复杂转变，起初是独自出远门的胆怯，还有在陌生车站的孤独等待，接着是远远看见母亲时的将信将疑，再到母亲靠近时的僵硬别扭，直到释放出心中所有的情绪，怨念、伤心、惊喜、对未来的不安，还有对母亲内心感受的理解……淋漓尽致地表达了这种浓得化不开的爱，真实可感，且具有直击人心的力量。

北京，我一定会回来的……

郭奇 男 12岁 籍贯河南信阳

飞驰的火车在不知不觉中把速度减了下来，摇晃着长龙似的身子呜呜叫唤着缓缓前行。车窗外是一座座拔地而起直冲云天的高楼，汽车一辆连着一辆从灰白色的马路上滑过。哇！这就是北京啊！

一想到即将追随父母在这里立足，内心就忍不住有点小激动。从今往后，我将成为这里的一员，我和父母将不会再被生生分开，在这座城市的某个角落，也将有我一张课桌。

没想到，一张小小的课桌，虽然占不了多大地方，但要安放在这里可没那么容易。没有学籍，没有户口，没有几证……爸爸带着我东奔西走，但没有一所学校愿意收留我。最后，爸爸的同学告诉我们，到行知学校看看吧。

我们来到了行知学校。虽然这里的环境没有想象中的好，但有学校愿意收留我，我和爸爸悬着的心终于放下了。

美好的时光匆匆而过，一转眼我就到了三年级。我长发扁鼻方脸的爸爸以雄浑的声音告诫我：只管学习，别顾其他。我牢记爸爸的话，全身心投入学习，遨游在知识的海洋里。就连最好的同学邀请我到他家玩儿我都没有去过。好成绩总是留给努力学习的人，期末考试我得了全班第一。我奔跑在学校阴凉的过道上，不小心撞落了一名毕业班学生手中的卡片——学籍卡。我捡起这东西还给同学并真诚道歉，看着那名同学拿着卡片在衣服上又蹭又擦的，心里就有点来气：一张小纸片，至于嘛！不过看着他很宝贝的样子，我也一头雾水，不知道这东西有什么用。

四年级，我仍然保持着全班第一，很风光。到了五年级，在一次班会上，老师郑重地提到了我快忘记的三个字“学籍卡”，并告诉我们，如果办不下来学籍卡，我们在北京的学习将止步于六年级，初中必须回到老家上。我们的学习没有什么变化，但为了这张小小的卡片，家长们被折腾得人仰马翻。爸爸仍然告诉我，只管学习，其他不用我操心。

一转眼就到六年级了，“学籍卡”三个字反反复复出现在老师和同学口中，每次听到这三个字，我虽然有点担心，但还是一心扑在学习上。爸爸妈妈来来回回地奔波，腿都快跑断了，终于为我弄到了那个叫“学籍卡”的玩意儿。不过，到此时我才知道，父母费尽心血弄来的东西，顶多为我们在北京的学习延长三年，到高中还得回到老家去上的。我的心被这个消息狠狠震碎了。突然之间我又笑了。其实也不必惊奇，曾经大街上那些带着地方口音的咿咿呀呀不是被本地人当作笑话吗？外地少年的一次调皮捣蛋不也成了大报小报必讨论的话题吗？追随父母的脚步之所以这么难，只是因为我们是外地人，是这里的打工子弟。

不管怎样，我追随父母的决心永远不会变。我在心里一遍遍地告诉自己：首都北京，总有一天我要靠自己的本事重新杀回来！

怀旧船长点评：本篇文章直抒胸臆，以小作者自身的经历和体验控诉了教育的不公平。诚然，在国家城镇化发展的过程中不可能一下子解决所有问题，但孩子们的成长只有一次。可贵的是，郭奇同学以积极的心态表现出一个有志少年的气概：我一定会杀回来！这是一位少年发自内心的呐喊，希望全社会都能听到。

我背好我的小包袱下了车，眼前是个完全陌生的世界。

拨浪鼓

周可心 女 11岁 籍贯山东聊城

我的老家在山东的一个小地方。我从两岁起就跟着爷爷奶奶生活，一直到八岁。那里天是蓝的，草是绿的，空气中有麦子的香味。爷爷奶奶也很疼我，但我还是经常会觉得孤独。

爸爸妈妈都在北京做小生意贴补家用，只有过年的时候才回来，但也不是每年都会回来。这次他们就连着三年都没有回来了，我都快想不起他们长什么样了。不过，就算他们回来，顶多在家里住十来天，我刚刚跟他们处熟，他们就又要走了。以前每次他们走的时候，爷爷奶奶总会有事情交给我办，把我哄到姑妈家去。等我回来时发现爸妈已经走了，我就会大哭，有时也会赌气不吃饭，直到把自己弄出病来。爷爷和奶奶总说：这丫头，太倔了。

我渐渐长大，已经八岁了。爷爷奶奶年龄也大了，就让我自己坐火车到北京找爸爸妈妈。在车上我看着一对对幸福的家庭：父亲在教儿子叠纸飞机，母亲在抱着已经入睡的女儿轻轻摇晃，而我却孤身一人，羡慕得眼泪都流了出来。

北京站到了，我背好我的小包袱下了车，眼前是个完全陌生的世界。从家走的时候爷爷告诉我：“你下了车后不用出站，在站台上找一个杂货店，如果看到摊主家也有一只跟这个长得一样的拨浪鼓，那他们就是你的爸爸和妈妈。”说着他把一个旧得发黑的拨浪鼓塞进我怀里。

我在站台上慢慢走着，观察那些小卖部，猛然间看到了一个吊在半空的拨浪鼓，在空气里微微晃动。我看了看手中的拨浪鼓，没错，虽然它们年头久远显得有些斑驳，但它们的确是一对。我走了过去，走到离他们几米远的地方，一对正在忙着卖货的夫妇也看到了我。男的怔怔地看着我怀里的拨浪鼓，女的则把手中的矿泉水扔在柜台上向我跑来。她的脸色潮红，像要喷出火来。她奔到我身边，抓起我的小手，结结巴巴地问："可心？你是可心?！"

在这一刻，我觉得我也是一个有父母的孩子。我们三个人都哭了。在这时候，我心里出现了一种无法用语言来形容的暖流，也许这就是爱吧。

这个世界可以没有阳光雨露，但是不可以没有爱。追随父母的爱，我觉得是一个小孩子最重要的事情。

怀旧船长点评：周可心同学不泛泛写如何追随父母的爱，而是别具一格地以拨浪鼓为线，绘出一幅动人的寻亲图。本文叙事流畅，剪裁得当，情景相融，初显一位11岁女孩的创造力。

爸爸，早点回来！

吕鹏飞 男 12 岁 籍贯河南濮阳

每当月圆的时候，我都会站在院子里仰望天空，盼望着有流星划过天际。那样我就可以对着它许愿，让我的爸爸早点回来。

在我心里，我爸爸是个强壮的男人。他高大威武，面容和善，是个非常好的人，对我和妈妈也很好。

那天，爸爸带着妈妈和我去补拍婚纱照。据说爸爸妈妈结婚的时候，姥爷不同意，是妈妈执意嫁给爸爸。那时候爸爸很穷，没钱拍结婚照，而拥有一张漂亮的结婚照成了妈妈的心愿。现在日子好过了，他们决定带上我一起拍。拍了几张，我们肚子饿了。爸爸决定带着妈妈和我出去吃大餐。

我们到了饭店门口，这是我第一次进这么高档的饭店，大厅垂着好多亮闪闪的玻璃球，折射出金灿灿的光。小房间里的灯更是奇特，摁一下就变换一种颜色，还有滚动的光斑，五颜六色的，像天上的星星一样。爸爸喝了一杯酒，脸红通通的，妈妈也喝了一点，而我喝果汁。我们一家人一直碰杯干杯，十分开心。

吃完饭，爸爸说再去给妈妈买件衣服，妈妈不干，我们就往家走。突然，一辆车“嘎吱”一声停在路边，从车里跳下两个人将爸爸围住，大声问道："你叫吕杰刚吗？"我爸刚说完"是"，那两个人就凶巴巴地说："跟我们走一趟。"然后架住我爸的胳膊把他拉进车里。

我妈反应过来，着急地问："你们是谁呀？"他们说他们是警察，我妈不信，那两个人就掏出一个小本给我妈看，当他们的衣服掀起来的时候，我看到了别在腰上的黑亮亮的枪。我浑身哆嗦，紧紧扯着妈妈后背的衣服，妈妈也站在原地发抖。车开走了，爸爸扭着头将脸贴在车屁股上方的玻璃上，鼻子似乎都挤扁了。他嘴巴在动，但我们都听不见他在说什么。妈妈腿一软，坐到了地上，泪水从眼眶里涌出。好半天，我才听到哭声。

豆大的雨点从天上砸下来，砸在我和妈妈身上。不一会儿，我们的衣服就湿透了，妈妈坐在泥水里，已经哭得没了声音。蹲在妈妈身边的我打了一个冷战，咕哝了一句："冷。"妈妈摇晃着站起来，抱起我，一步一步往家走。

一晃八年过去了，妈妈带着我来到北京，一边打工，一边让我学习。每次问起爸爸，妈妈都是摸摸我的头，眼圈红红地赶紧转移话题。我至今不知道爸爸到底犯了什么事儿，现在在哪里。我只想向流星许个愿，告诉爸爸我想他，不管他犯过什么错，他都是我的爸爸，我的心将一直追随那种刻骨的爱。我盼着他好好表现，改过自新，争取减刑，早点回来团聚。

怀旧船长点评：父亲在欢乐的场景中突然被带走，于法合理，但对孩子的伤害是极大的。在孩子的心中是一场突变的风云，也带着深深的疑惑。然而面对母亲的隐忍和隐瞒，小作者没有责怪，没有怨恨，仍然对父亲抱着希望，仍然保持着对父亲的信任与爱。这是孩子纯真的视野，更是纯真的内心，这些都在呼吁天下父母更多地呵护孩子。此文也从另一个角度提醒天下父母遵纪守法，避免给孩子带来创伤，更需亲身示范为孩子树立为人处世的榜样。

寒冬过后是暖春

陈润琦 女 13岁 籍贯河北沧州

院子里的空气中弥漫着干炸带鱼和酱肘子的味道。今天是大年三十，爸爸妈妈要回来过年。

吃过早饭，我搬了一把小椅子坐在屋檐下，眼睛一眨不眨地盯着院门。直到肚子咕咕咕地闹起了情绪，妈妈他们也没有出现。奶奶叫我吃饭，我才发觉已经是中午了，便爬到饭桌边的凳子上。奶奶帮我夹了一块我最爱吃的酥酥脆脆的炸带鱼，酥到鱼骨头都能咬碎，一点也不用担心被鱼刺扎着。我放到嘴里嚼着，却没有早上闻着的味道香。

突然，院门外响起了摩托车的“突突”声，我放下饭碗飞奔出去。推门进来的却是大姑，我有点失落。大姑给我买了过年穿的新衣服，还有新玩具。我在他们的鼓动下穿上了，衣服是我喜欢的样式，尤其领子上还连着个大帽子，我很喜欢。我看着镜子里的自己，脸上灰扑扑的。不管是我这个人，还是身上的新衣服，似乎都没有想象中的好看。

奶奶和姑姑还在厨房里忙，我一个人坐在客厅的沙发上，手里抱着玩具，眼睛盯着电视。可我的耳朵一直听着院门外的动静。村子里偶尔会有几声鞭炮声，我知道那是摔炮。就是使劲摔在地上，就会发出“啪”的一声响的那种，我去年也玩过。这一定是谁家爸爸妈妈从外面回来了给孩子带来的。因为村子里唯一一家卖东西的周婶婶家昨天还没有这个东西卖。我心里惦记着爸爸妈妈回来会不会也给我买鞭炮，但眼皮实在撑不住了，就在沙发上睡着了。也不知睡了多久，等我醒来的时候，屋里已经亮起了灯，我脚上盖着一块小被子，下巴底下还有一件带着特别香味的大红色羽绒服。

是妈妈！

我一骨碌坐起来，掀掉身上的东西喊着妈妈四处寻找。妈妈端了一盘子刚洗的水果从厨房走出来，红红的苹果的光泽映在妈妈的脸上。妈妈从来没有像现在这么美，美得眼里全是春天的气息和语言。我扑过去抱住妈妈，妈妈抱起我，将葡萄一个个摘下来喂到我嘴里，真甜。

有妈妈在的日子，我每天都睡得很香。那天，我醒来又伸手去摸妈妈的头发，可枕头是冰冷的。原来年过完了，妈妈又到北京打工赚钱了。

我在泪水中浸泡了几年，不愿说话，也不想玩玩具，更不爱吃葡萄。终于，妈妈在工资涨了之后，把我接到了北京。

追随妈妈的脚步虽然艰难，但只要肯等待，寒冬过后终会有暖春。

怀旧船长点评：本文通过细致的描述，还原了打工子弟的生活状态。没有一颗细致观察生活的心，难以写得如此细腻动人。小作者将等待许久的妈妈回来时与自己短暂相处，抱着自己喂食水果的画面剪切到记忆中，变成之后几年分别里甜蜜又抗拒的事情，最终这些都在追随妈妈到北京团聚后，成了她苦熬寒冬之后的暖春。同时也体现了小作者在这种留守生活经历中的成长。青少年写作，无须空谈道理，只需抓住生活点滴用心书写。本篇就是最好的例证。

我是一只小蚂蚁

纪金亮 男 13 岁 籍贯河北邯郸

阳光洒在我家的窗台上，花盆边上的一只小蚂蚁被我手上捏着的小草赶来赶去，看着它晕头转向的样子，我乐得嘎嘎大笑。院外忽然传来嘀嘀的汽车喇叭声，我扔下小草冲到屋外，见到了我那行色匆匆、面容苍白的父母。

我的老家在河北邯郸，其实离父母打工的北京也不算太远，但他们总说工作忙，很少回来。一旦他们回来了，我就整天缠着妈妈，甚至连她上厕所我都要在门口守着，我怕她再次扔下我。妈妈每次都告诉我他们再也不走了。我相信了妈妈的话，就开开心心地上学去了。我一放学就跑着回家，推开院门大声喊着"妈妈，我回来啦"，可没有人理我。我挨个屋子找，奶奶告诉我，妈妈他们去北京了，过几天就会回来看我。眼泪从我的眼角落了下来，我伤心地将书包扔到地上，钻进被窝哇哇大哭。可无论流多少眼泪，爸爸妈妈还是不出现。

每次问奶奶：妈妈他们怎么还不回来？奶奶的回答永远只有一句话：过几天，过几天。一转眼几个月过去了，我也懒得问了。

阳光依然洒在我家的窗台上，我看着花盆里的小蚂蚁，突然觉得它们也挺可怜的，可能是被爸爸妈妈扔下了，这么小就要落单。我也是一只小蚂蚁，我的父母不要我了，小蚂蚁跟我一样可怜。想到这里，我不再捉弄它们。看着它们跑来跑去那么辛苦，我会经常揪点馒头渣或者一小块糖渣扔到花盆里，看着它们舞动着触须向我表示感谢，然后慢慢将食物一点点地搬走。窗外偶尔会响起汽车的鸣笛声，刚开始我会跑到门口看看，在一次又一次的失望之后，汽车喇叭声响破天，我也懒得再去看了。但是我心里还是盼望着响声之后是我的爸爸妈妈回来了。

又到一年的年底了,汽车的鸣笛声在院外响起。我待在原地，跟没听见似的，该干吗还是干吗，直到爸爸妈妈走了进来。爸爸摸着我的头问我话，我一把甩开他的手，气呼呼地进了卧室。我趴在床上,眼泪止不住地流了出来。妈妈走了进来,坐在床边，轻轻抚弄着我的头发，过了好半天才叹了一口气，沙哑着嗓子说他们也不是要故意骗我，北京挣钱的机会多一些，家里各种开支要花钱啊,他们也舍不得扔下我,等联系好学校就接我过去。听着妈妈带着哭腔的诉说，我原谅了他们。

第二年，我来到了北京。

北京没有想象的那么好，一家人挤在一间小平房里。天空总是灰蒙蒙的，带着刺鼻的臭味儿，夜晚也看不见星星……

追随父母的路很艰辛，但我这只小蚂蚁终于与父母在一个窝里了。就凭这个，吃多少苦也是值得的。

怀旧船长点评：在我的写作教学活动中，常常强调抓住生活中的小事写出真情实感。其间，需要小作者们联系相关事物，将情感寄托在小事物或小事件上。本篇将“小蚂蚁”与自身的命运作对比，既起到了隐喻的作用，又有了紧密的联系：蚂蚁落单了，可以靠气味找到自己的家;而自己最终也在父母的努力下，追随到北京，一家团聚。

我到北京找爸妈

寇晓雨 女 11 岁 籍贯四川彭州

喔喔喔……公鸡叫了，爷爷的敲门声随之响起。迷迷糊糊的我突然记起，今天爷爷要带我赶火车去北京找爸爸妈妈。

奶奶早早起来为我们做了吃的。但因为起得实在太早了，我们都不饿，只吃了一点点。我跟着爷爷走出家门。湿湿的空气中带着一阵阵干稻草的清香。星星在天上眨着眼睛，山坡上早起的农家点亮了灯火，一时之间都分不清哪些是星星，哪些是灯火。

我的老家在四川的一座大山里，我还很小的时候，妈妈就把我扔给爷爷奶奶，同爸爸一起外出打工了。一晃就是九年，这九年他们除了偶尔往家里打打电话，很少回家。我不太记得爸爸妈妈长什么样。

经过近两天汽车火车的颠簸，我们终于到了北京。走出车站，只见一个女人努力地踮着脚尖朝着我们挥手，脸红扑扑的。我跑过去问："阿姨您是接我们的吗？"她一把抱住我哭了，说她不是阿姨，是妈妈。我大吃一惊，向后跳开了。爷爷拖着箱子过来了，跟我说她真是我妈妈。她拉着我的手，说带我吃肯德"鸡"。我们老家还真没有鸡叫这种名字的，我们便怀着好奇心跟妈妈走进一家店，里面人很多。妈妈为我们买了许多好吃的，她说的那种鸡味道真没有奶奶养的鸡好吃，不过我是真饿了，把嘴塞得满满的。妈妈看着我，眼神说不出的温柔。她替我抹掉脸上的肉渣，告诉我慢慢吃，一会儿回家见爸爸。我心里暖暖的，想叫她一声妈妈，可始终叫不出口。

吃饱之后，我们来到一处陌生而又亲切的小屋。圆桌的对面站着一位肤色微黑的男人，年龄三十岁左右，身材魁梧，嘴角微垂，穿着一身西装，像个大老板。他快步走来抓住我的肩膀说："叫爸爸，快叫爸爸呀！"我皱起了眉头，叫不出口。

他摸出钱包，从里面拿出一张照片，上面是我小时候跟他们的合影。家里也有一张一模一样的被镶在镜框里，我小时候经常隔着冷冰冰的玻璃亲照片上的人的脸。我望望他们的脸，虽然跟照片里不太像了，但照片里的小孩是我。照片已经泛黄了，边上也起了毛边，我想这一定是经常被抚摸弄成这样的吧。我张了张僵硬的嘴唇，哑哑地喊出"爸爸妈妈"，眼泪模糊了我的双眼。我们三个人抱在一起，又哭又笑，小小的屋子里传出了幸福的味道。

世界上可以没有阳光没有雨露，但不能没有爱。

怀旧船长点评：本篇完全平铺直叙，没有雕琢的痕迹，但仍然通过细节表达了追随父母、寻找幸福的感觉。在写作中，视、听、触、味、嗅"五感"均可作为画面的切入点，文章必然生色。

五年的约定

李佳旭 女 12岁 籍贯黑龙江五常

“嘭，嘭，嘭……”漆黑的天空中，绽放出几朵彩色的烟花。红红绿绿的烟花把天空中的星星都比下去了。今天是大年夜，院里的屋檐下挂着大红灯笼，门框边贴着散发着墨香的对联。

屋内，一个年轻的女人在木头做的圆桌上摆着年夜饭。她看向旁边的屋子，眼睛里挤满了泪水，她想忍住，但不争气的泪珠还是冲破眼眶跑了出来。正在这时，一个穿着崭新衣服的小女孩跑了过来。女子赶紧背过身把眼泪擦去，柔声笑着让女孩去叫外公他们出来吃饺子。小女孩把外公外婆拉到桌边挨着妈妈坐在小凳子上。

这一顿饭看似吃得有说有笑，却笼罩着悲伤，只有小女孩一个人没有感觉到。迎来了新年，小女孩抱着外公外婆给的红包很快进入梦乡。天刚亮的时候，女子轻手轻脚地走到小女孩的床前，亲了亲还在睡梦中的女孩额头，往她枕头底下塞了一封信，站起来抹了一把滑出眼角的泪，轻轻拉上房门走了出去。

女孩醒来时已经是十点了，她穿好衣服发现枕边有一封信。拆开信封，看完了信，女孩大声地哭了起来，随之而来的是纸张撕碎的声音。这封信谁也不知道写了什么，谁也不知道！

五年后的一天，女孩起了个大早，跑到村口一直等着。微风一次次拂干她被泪水打湿的脸庞。一直等到太阳西斜，要等的人还没有出现。她自嘲地笑了一下，在心里一遍遍地说着：骗子！骗子！

她失望地转身往回走，身后突然传来急切的声音："宝贝儿，是你吗？"

女孩猛地一转身，看到站在斜阳里的女人，虽然她脸上的皮肤已不如五年前那么光滑，眼睛也变得暗沉，嘴巴还有些干裂，甚至乌黑的头发也染上点点白霜，但女孩认得，那是自己日思夜盼的妈妈。

原来妈妈没有失言。这五年，她一个人在北京打拼，做过很多工作，吃尽了各种苦头。去年决定自己做点小生意。现在小生意刚有了起色，她就急着回来接女孩。妈妈说，在来之前她已经联系好了北京行知打工子弟学校，过去就可以上学。第二天，女孩告别外公外婆，跟着妈妈来到了北京，一直到现在都没有分开。

五年，小女孩最终追上了妈妈奔波的脚步，这一千八百多个日日夜夜的等待终于有了结果。

怀旧船长点评：童年是人生的底座，童年中的五年是极其珍贵而有限的时间段。本篇集中写出了孩子与母亲五年的约定、失望、等待和理解，而非只是诉苦，在立意上又高了一层。在孩子的成长中，爱与和解需要协调统一。这也是本文的看点所在。

有妈的孩子不觉苦

刘欣悦 女 11 岁 籍贯山东聊城

在我三岁以前，我们一家三口分居两地。爸爸一个人在北京，我和妈妈在老家。

这样的生活，最受煎熬的人是妈妈。她每天都在担心爸爸，担心他吃不好睡不好，更害怕他生病没有人照顾；而爸爸也会经常打电话回来，问妈妈累不累，问我是不是又长大了。

等我到了上幼儿园的年龄，我们一家三口终于在北京团聚了。我们一家租住在一个大杂院的一间房子里，屋子里没有厨房，夏天的时候院子里的人都在自家门口的屋檐下做饭，到冬天的时候会把炉子搬到屋里，既可以用来取暖，也可以在炉子上做饭。屋子里放煤炉是很危险的，弄不好就会中毒。那时的我很淘气，总喜欢在院子里捡些破纸片烂树枝什么的往炉子里扔，经常搞得屋子里跟着火了似的浓烟滚滚。妈妈很担心我把火炉子盖子打开盖不严，煤气跑出来熏着我们，更担心烫着我，经常告诉我要离火炉子远一点，可我们家地方实在太小了，外面又冷，妈妈也没有多余的钱给我买玩具，除了玩火炉子也实在没其他可以玩儿的。

不过，妈妈就是妈妈，总会有办法让我知道利害。有一次，她趁火炉还烧得不是太烫的时候拿起我的小手，轻轻地碰了一下火炉上的铁盖子，我的皮肤像被针扎一样疼了一下，吓得赶紧缩回手。从此，我躲那火炉子远远的，再也不敢靠近，更不敢打开往里面扔东西。

住在大杂院里，上厕所也是一个大问题。基本上每家都没有自己的厕所。上厕所要去很远的地方。尤其早上的时候，厕所门口都会排长队，而且隔着老远就能闻到刺鼻的臭味。虽然住在大杂院事事都不方便，但我们都不觉得苦。

后来，妈妈给我找了所幼儿园，她也找了一份工作，到五星级酒店卖家传的养生中药。妈妈很辛苦，早出晚归。每天回来都是带着一脸的疲惫。我也一天天长大，每次看到妈妈回来，我都会给她倒上一杯热水，帮她捶捶肩膀。每当这个时候，妈妈都会摸摸我的头，说有了我，她吃多少苦都值得。

不过，由于在北京没有学籍，我们一家将再次面临分离。我必须回老家去上中学。虽然我舍不得爸爸妈妈，爸爸妈妈也舍不得我，但这是没有办法的事儿。

追随父母的脚步真是艰难啊！不过我有信心，六年后，我一定会考回北京上大学。那样，我就可以和爸爸妈妈在一起了。

怀旧船长点评：在孩子眼里，母亲就是全世界，母亲就代表了温暖。日子过得虽然艰苦，但因母亲的陪伴和悉心教育而觉得从容。本篇集中笔墨写跟随母亲在异乡的生活，点点滴滴都浸润着爱与呵护。相比留守儿童，小作者何其幸福！

望断村头路

张瑞鑫 女 12岁 籍贯河南固始

“哇……爸爸妈妈，你们要去哪里？不要丢下我！”小女孩已经沙哑的哭喊声，被汽车发动机巨大的轰鸣声盖住了。汽车上，一对年轻的夫妇将脸贴在玻璃上，看着车后越来越小跑得跌跌撞撞的人影，脸上的点点泪珠擦在玻璃上成了一道道的水痕。

车越开越快，身后的景物模糊了，直到看不见时，女人的脸还是紧贴在窗户上。男人轻轻地将女人的头揽到胸前，将下巴伸进女人的头发里，静静地抱着，一句话也没有说。

时光飞逝，当年那个小女孩已经长大了。她就是我。因为当初爸爸妈妈的狠心，让我变得很冷漠，见谁都难得笑一下，我不知道还能相信谁，生活更没有什么可以让人开心的。

当初，姐姐很有信心地对我说：“妹妹啊，只要你好好上学，考试考第一名，爸妈就会回来。”而我在一次电话里问爸爸妈妈，是不是我考了第一名，你们就会回来？他们也是这么说的。

于是，我相信了他们的话。为了让爸爸妈妈回来，我每天都在用功。终于，我考了第一名。当我满怀信心又兴奋地拿着全是红钩钩的试卷，来到村口坐在大石头上，从上午一直等到天黑，也没有等来爸爸妈妈。奶奶爱怜地把我拉回家，直说我是傻孩子。

我想是不是堵车了，说不定一觉醒来，爸爸妈妈就回来了呢。但是等我早上醒来去看他们房间的时候，屋子里除了一股淡淡的霉味儿，什么也没有。第二天，我又在村口等，爸妈还是没有回来。渐渐地，我发觉自己上当了。但是，这种发现又被我否定，我仍然相信他们会回来。于是，我只要放学回家，就会跑到村口等。奶奶一开始还劝阻我，后来也只能摇头叹息。

日出日落，燕去燕来。村头那条如同烂草绳的土路，似乎被我望断了。但我没有放弃。我在村口凝望了五年。

一天黄昏，下着雨，我站在房檐下发呆。突然，村头的路上出现了两个人影。走在前面的，依稀是我妈妈！妈妈先认出我来，朝我飞跑过来，她跌跌撞撞的，脸上淌着汗水和雨水。爸爸好像没有想象中的高了，记得小时候他总能把我举得高高的在空中飞，现在看来是抱不动我了。见到他们，我以为我会很恨他们，可除了有点陌生外，我竟然一点恨不起来。当他们把我搂进怀里的时候，陌生感也突然消失了。我们一家三口抱在一起，都流下了幸福的眼泪。

我们在老家过了一个快乐的春节，爸妈就把我带回了北京，我和父母终于生活在一起了。

我一直在追随的父母的爱，如今被我抓住了，你别想再从我手心里逃走！

怀旧船长点评：路有万千条，村路最遥遥。对于留守的孩子而言，那是一条通往爱与希望的路。这种童年的守候与期冀，铭刻在生命的底层。这是小作者深情弹奏出的一曲离合之歌，乐曲动人，感人至深。

我不想在梦中与父母相会

帅晶泽 男 11岁 籍贯福建福州

天空中的乌云罩在头顶，阴沉沉的。时不时飘下来几颗雨滴，砸在院子里的青石板上，很快又被风吹干了。

我和爸妈正在玩躲猫猫，爸爸妈妈让我躲起来，由他们找我。我跑进卧室，爬到柜子里静静地等着他们来找。过了好一会儿，也没听到他们进来的脚步声，我暗自有点得意。又过了一会儿，还是没人来找我，我有点奇怪，大声提示他们“我藏好啦”，也没人理会。我打算不躲了，拉开柜门溜到地上。这时院子里响起轰隆隆的汽车声。我走出卧室，刚走到客厅里，就看到爸爸的面包车开出院门。我发现上当了，哭喊着冲出屋门，心里一着急没看路，一下从台阶上滚到院子里，我顾不得拍掉身上的土，爬起来继续追。爷爷抓住我的胳膊把我往回拖，我挣脱爷爷的拉扯，继续追赶着。风似乎也用它的力气帮我，可我的速度远远追不上车的速度。我的眼泪顺着脸颊流到嘴里，又苦又咸。为什么爸爸妈妈要扔下我走了啊？爷爷追上来把我抱回家放到床上。我哭着睡着了。

睡梦中，我感受到了爸爸那粗糙的手掌在我后背上来来回回挠着，很舒服。我们一家人牵着手一起走在土路上，爸爸妈妈站在两边，一人拎我一只胳膊将我拎起来，跨出老远，一下又一下，我们笑成一团……梦是多么的甜。当我从梦中醒来，我在一张老旧的床上，这是爷爷的床嘛。屋子里静悄悄的，爷爷可能下地干活了，奶奶在猪圈那边清扫猪粪。我要去找爸爸妈妈。这想法是多么幼稚啊！我带上一包牛奶溜出家门。没走多远，遇到麻烦了，眼前是好几条岔路，我不知道要走哪条才能找到妈妈。我坐在路边有点渴，咬开牛奶的包装，一边想一边喝，直到喝完也没有想明白。我只好往回走，奶奶正在院门口东张西望，看到我她着急的表情才放松下来。

我只能在梦中与父母玩耍。因此我每天都睡得特别早，希望能早点在梦里见到父母。有时一晚上一个梦都没有，醒来后就感到很失落。虽然只是在梦里与父母相会，也总比见不着好呀。

一晃我就六岁了。一天中午，我从外面回来，一进院子就看到了停在院子里的车，我走到车前，趴在玻璃上朝里看，里面没人。这时，一个人影出现在我身后，吓我一跳。我猛一回头，差点撞倒了她。她抱住我喃喃自语："我的晶晶长这么高了。"闻着她身上熟悉又陌生的味道，我心里洋溢着被爱滋润的暖流。可不知道为什么，我没出声，但眼泪流了出来。妈妈把她的脸贴在我的脸上，挨在一起的地方很快就湿湿的，分不清是她的眼泪还是我的。

妈妈回来接我了。以后，我不想再在梦中与父母相会了。梦再美好，都不如现实中的团聚实在。

怀旧船长点评： 晶泽同学用动感的画面，将梦境与现实切换，在内容上形成张力。梦境的美好与现实的残酷，构成了这篇文章的两极。两极之间，正是一位孩子的念想。文章朴实无华，但小作者的情绪把控初见功力。

生命中的黑暗史

朱灿 男 12 岁 籍贯河南信阳

追随到父母前是我生命中的一段黑暗史。只有经历过的人才能体会到没有爸妈的小孩，日子是多么难熬，多么痛苦。

被父母扔在老家的我，成了爷爷的跟屁虫。爷爷除了带着我下地，还经常带我去赶集。每次到集市，爷爷都会给我买两串红红的糖葫芦，圆鼓鼓的山楂果外面裹着一层透亮的冰糖，一咬就会“啪”的一声在牙齿中间裂开，然后是一种酸酸甜甜的味道沾在舌头上。这是我唯一感到高兴的事。但集市上也有好多我看了不高兴的事情：看到那些拉着母亲的手撒娇的孩子，一蹦一跳的，脸上满是幸福，而我只能跟着爷爷蹲在集市上，守着面前的几个老南瓜或者半筐子玉米、大豆；别家的妈妈挎着菜篮，从我们摊前走过总会留下一股香喷喷的气味，而我爷爷只会吐出一串串呛人的白烟，熏得我咳嗽流眼泪，此时我就会想起妈妈身上好闻的肥皂味儿；有时候看到别的小孩子被爸爸妈妈的手拉着，借着爸爸妈妈的拉力一下蹦出去老远，我就想，如果让我来蹦，一定会比他蹦得更远。但在我的记忆中，我的爸爸妈妈从来没有跟我这么玩过。

六岁以前，我和妈妈的交流多在电话里。可妈妈的电话也不确定多久打一次，什么时间打来。每次电话铃响，我不管在干什么，都会跑过来趴在爷爷旁边听。但多数时候都是些卖东西的语音电话。不过，只要妈妈往家里打电话，都会找我接听。妈妈在电话里说的话都差不多，总是问吃饭没有啦，最近有没有淘气啦，长高没有啦之类的。而我会把这段时间发生过的想得起来的事儿一一汇报，虽然妈妈多数时候只会嗯嗯几声，偶尔也会陪着我一起笑，但我相信妈妈在认真听我说话。每次接到妈妈的电话，我的话就特别多，说起来没完，爷爷总会提醒，别浪费你妈妈的电话费，长途，挺贵的。可我觉得我跟妈妈讲的事都是挺重要的，平时跟爷爷讲，他都没有耐心听，我也不喜欢跟他讲。

不过，电话只能听到声音，看不到表情。我总觉得电话与电话之间是一条深不见底的黑暗隧道，里面住着好多找不到妈妈的小鬼魂。

有时候我会在电话里反复问妈妈，他们到底啥时候回来。妈妈的回答除了说快了，就是说要为我多挣钱。我每次都跟妈妈说我不要钱，也不要别的，我只要他们陪在我身边，可妈妈说没钱活不下去。

现在我终于实现了多年的梦想，跟爸爸妈妈住在一起了。这里吃的住的虽然都不如老家好，但我还是喜欢这里，因为这里不再有黑暗。

怀旧船长点评：黑暗与光明同时存在于生命之中。没有经历黑暗苦痛，难知光明的珍贵。生活纵有千般黑暗，只需亲情一灯即明。小作者善于对比，并在细节处理上得心应手，故能写出如此生动感人的作文。

留守儿童只差一味盐

李子炎 男 11 岁 籍贯山西吕梁

卷着泥沙的黄河水咆哮着从铁路桥下流过，把桥上车轮撞击铁轨发出的“咣当咣当”声都盖住了。高大的铁路桥遮住了太阳，飞溅的黄河水把凉气洒向四周，火车经过时更是带来一股股的凉风。这里真是一个避暑的好地方。

一大群老人坐在阴凉处，聊着一些陈年旧事，手上的大蒲扇有一下没一下地驱赶着蝇虫，旱烟锅在缺了牙的嘴巴里咂得吧吧作响。缓坡的泥地是跟我一样被村里老人叫作“野孩子”的留守儿童们的乐园。我们在这里抓蚂蚱，逗蚂蚁，挖蚯蚓……这里是生我养我的家乡。黄河水日夜不休地唱着歌从村头流过，村子上空总是飘着一股浓浓的醋香。酿醋是老祖宗留传下来的手艺，但现在只有少数老人还保留着这一门手艺了。年轻人不稀罕嫌不赚钱，扔下这门手艺跑到城里挣大钱去了，要吃就上超市买点，但超市里买回来的，我也吃过，酸得睁不开眼，没有一点香味儿，跟自家酿的没法比。

我的爸爸妈妈在我很小的时候就跟着村子里的人到大城市打工了，家里只有奶奶、爷爷和我。爷爷也会做醋，不是做来卖的，只是供我们家自己吃。爸爸妈妈回来过年，走的时候也会带上点。

我们村子里连一所学校都没有，上学要到很远的邻村去上，更没有幼儿园；加上孩子太小，爷爷奶奶接送又不方便，所以我们都是等到至少八岁才去上学，那样就不用大人接送。有的孩子到了能照顾自己的年纪了，就被爸爸妈妈接到打工的地方上学。因此，还不满八岁的我们成天没事干，就天天跑到地里抓兔子，下河摸鱼，或者从家里拿玉米、红薯到地里烤了吃。

我们的童年是真正的无拘无束，也没有繁重的作业。但是，我们的童年就如同菜里没有放盐一样，其他味道再多也不行。后来我长大了，才明白就像缺乏父母的爱，这种爱拥有时并不觉得，没有时还真是抓心挠肝。

我在村子里上了两年学。十岁那年的暑假，妈妈把我接到北京，来到行知学校上学，我们一家终于团聚在一起。

北京看不到奔腾的黄河，也闻不到醋香，走到哪里都是满满的人和车,还有难闻的汽油味儿。但只要能跟爸爸妈妈在一起，就是整天吸雾霾也是幸福的。比起村里的小伙伴,我还是幸运的。

怀旧船长点评：在写作中，想象力最为重要。纵使是真情实景，也需要加入作者的想象方能呈现立体的画面。本文对童年对家乡的描摹相当出色，“还原”了家乡的风貌，并将少年的心境与之完美融合，失去父母陪伴成长的童年，犹如缺失必要的盐一般，最终他来到父母工作的北京，诸多不如家乡之处也抵不过与父母的团聚，读来有尘埃落定的真实感。

糖不是最甜的东西

姜随想 男 12 岁 籍贯河南驻马店

风呼呼地吹，天上乌云密布。我紧紧地抱住妈妈的腿，哭喊着不让她走。妈妈一边替我擦去脏乎乎的小脸上的眼泪，嘴里不停地说着“好好好，不走不走”，其实她在糊弄我。

过了一会儿，妈妈让我回屋去看看奶奶在做什么，我怕我一走开，她就跑了，就说不去。妈妈见支不开我，变戏法似的从兜里掏出两根棒棒糖。糖可是我的最爱。一看见糖，我眼睛立马就亮了。妈妈剥掉一颗糖的糖纸，拿在手里。我舔着嘴唇望着妈妈手上的糖，嘴巴里一下子涌出好多口水。妈妈故意把糖举到我鼻子跟前问我是不是想吃，我使劲点着头说“嗯”。妈妈又拿出另外那根没有剥的棒棒糖对我说，“想吃的话把这个给奶奶送去”。

在棒棒糖的诱惑下，我完全忘了这是妈妈支走我的计谋。我一边吮着棒棒糖，一边往家跑，急着把糖送给奶奶。等我返回来的时候，妈妈早已跑得没了踪影。我一屁股坐在地上，哇哇大哭。刚吸到嘴里的糖汁顺着嘴角流出来，我舍不得让它流掉，一边哭一边伸出小舌头往嘴里舔。奶奶赶了出来，晃着她手上的棒棒糖对我说：“不哭了，跟奶奶进屋，这根也归你。”我立刻收了声，从地上爬起来，顾不上擦眼泪，一把抢过奶奶手上的棒棒糖，抽抽噎噎地跟着奶奶回家了。

到晚上的时候，糖早吃完了。我又哭闹着要妈妈陪我睡觉。爷爷奶奶连哄带骗还捎带着吓唬，也没能止住我的哭声。直到我哭累了，也困了，就靠在奶奶怀里睡了。早上醒来没看见妈妈，我又是一通哭闹，眼泪鼻涕抹得到处都是，还在床上滚来滚去，就是不让爷爷奶奶为我穿衣服。最后还是奶奶聪明，从厨房的纸包里拣来一块冰糖，塞进我嘴里，才算把我哄好。

慢慢地，我就习惯了跟爷爷奶奶一起生活，不再吵着要妈妈。过了大概四年，爸爸妈妈终于把我接到了北京的新家。我们一家人又生活在了一起。

现在的我，虽然还是爱吃糖，但我发现，即使是世界上最昂贵的糖，也比不上父母给我的爱更甜蜜。因为糖只能让我觉得嘴里甜，但父母的爱让我心里甜。

怀旧船长点评：小孩子都喜欢甜蜜的食物，但与母爱相比，世上任何甜品都微不足道。本文将食物的甜与母爱的甜作了对比，强调一个是“嘴里甜”，一个是“心里甜”，高下立判。

跟着父母闯北京

梁轩琦 男 11岁 籍贯山东运城

一间装饰简单而又温馨的房间里，一位年轻妇女来来回回地在地上走动，不停往打开的箱子里塞着东西。床上坐着一个四岁男孩，抱着一只小闹钟入神地拧着背面的旋钮。年轻女人不时回头看一下床上的孩子，眼神里装着满满的爱。

一个高大的男子走进屋来，叹着气从箱子里拣出些东西扔在床上，合上箱子，提起就往外走。

院子里停着一辆十分破旧的面包车，正轰轰地响着，屁股后面冒出一串串的黑烟，院子里充斥着浓浓的柴油味。男子将箱子放进汽车，站在车门边冲屋子里喊着“快点快点”。女人抱起床上的孩子，又往背上搭了一个小包，急匆匆地走出屋，锁上房门，坐进汽车。车摇晃着身子顺着乡村小路一直往前跑。身后那座院子的影子越来越小，直到消失看不见。

这便是我们一家离开老家去往北京谋生时的场景。

在这之前，我和妈妈生活在老家，爸爸一个人在北京打拼。妈妈不放心独自在外的爸爸，爸爸也总记挂着留在老家的妈妈和我。现在我长大一点了，可以送我去幼儿园，妈妈也可以出去找工作挣点钱。经过十几个小时的奔波，我们来到了爸爸租住的小屋。那是一个住着很多人的大院子，住的基本上都是大人，跟我差不多大的孩子还没有。院子里的阿姨们都喜欢我，时常逗我玩儿，还总给我一些好吃的。每次她们看我时，总会轻轻地叹口气再转身抹眼泪。妈妈说她们是想自己的孩子了。

后来房东要给我们涨房租，妈妈说了半天也不行，就决定搬家，再找一处便宜一点的房子住。我还记得那个房东阿姨是一个胖胖的女人，画着大大的黑眼圈，年纪看上去比妈妈要大好多。她进来的时候，我正拿着一块小石头在院子的墙上画圈圈，她瞪了我一眼，大声叫我别乱画，吓得我扔掉石头逃回屋里躲起来。

后来我们又搬过好几次家，直到我在行知学校上了小学，我们家才算安定下来。现在的地方跟以前住过的地方也没多大区别，乱哄哄的，院子里都盖的是房子，过道小得只能容一辆自行车通过，但这里离学校近。我想，爸爸妈妈应该是为了照顾我上学才没再搬家的吧。

虽然我们在北京的家一直搬来搬去，但比起那些不能追随在父母身边的留守儿童，我比他们要幸福多了。

怀旧船长点评：本文白描跟随父母漂泊北京的生活，看似波澜不惊，实则充满艰辛。难能可贵的是，小作者还写出了生存环境和相关人物。同院的打工阿姨抹泪这一细节和父母与“我”一家团聚形成了鲜明的对比，点亮了本篇作文。

父亲教我放鸭子

李楠 男 12岁 籍贯江苏宿迁

早晨的第一缕阳光刚刚洒向田野，爸爸便打开鸭舍的门。鸭子们抖着翅膀如潮涌一般跳进水里，扎几个猛子，拍着翅膀嘎嘎地叫。

妈妈和哥哥在北京，苏北老家只剩我和爸爸。爸爸每天都是早出晚归，我便跟着爸爸冷一顿热一顿地生活着。我那时最大的愿望就是一家人能够团圆，每顿都吃上妈妈亲手做的热乎乎的饭菜。不过，这在当时看来，简直就是奢望。

一天早上，阳光照到我睡的小床上，把我晃醒了。我有点迷糊地翻了个身，却"啪"的一下子滚到了地上，我被吓了一跳，也清醒了。我看见桌上放着爸爸做好的饭菜。我走过去，碗底下压着一张小纸条，爸爸说他出门了，晚上回来，鸭子今天先不要放出去了，下午舀点放在门口的粮食喂给它们就行。我坐在桌边，和着泪水咽下了已经冰凉的饭菜。

下午，鸭子们在鸭舍里嘎嘎乱叫，我想是不是该喂它们东西了。我推开门，把装在桶里的玉米粒舀了点倒进栅栏里。饿坏的鸭子们扑腾着争抢吃食，我吓得直往后退，一不小心把手上的粮食撒在了地上，鸭子见栏杆外有粮食，疯了似的朝外挤，有几只胆大的一下子飞了出来，我想把它们赶进栏里，没想到刚拉开一条缝，鸭子们便洪水一样挤了出来，扑扇着翅膀朝外乱飞。我一下傻眼了，呆在鸭舍门口不知道该干什么。我只盼着爸爸赶快回来。

天快黑了，鸭子们还在水里嬉戏，没有要回来的意思。我急得大哭。这时，远远传来三轮车的嘟嘟声，是爸爸回来了。我飞跑过去。爸爸见到我，停下车把我抱到他身边，问清楚事情的经过之后，爸爸摸着我的头说没事。爸爸站在鸭舍前打了个呼哨，鸭子们呼啦啦地往回跑。那一刻，我觉得我爸爸真的好厉害。

此后，父亲教会我如何放鸭子，如何跟鸭子之间建立信任和感情。呼哨只是一个信号，但平时的相处和交流才是最重要的。于是我用心学习，两年后我也能招呼鸭子了。

又过了一年，妈妈在北京的生活稍微稳定了，租了一间大一些的房子，爸爸带着我来到北京，跟妈妈还有哥哥团聚了。我小时候的愿望——每顿都吃热乎乎的饭菜，也实现了。直到现在，我们一家四口挤在一处不大的房子里，互相照顾，日子过得很安乐。

我想亲人之间的感情也同动物们一样吧，只要真诚对待，一切都将变得和谐。

怀旧船长点评：只有在乡村生长的人，才能准确捕捉到养鸭子放鸭子这样的体验和经历，也才能敏感地捕捉到其中的细节。本文通过父亲教“我”放鸭子，写出了富有生机的乡村生活，同时也将父爱和生命体之间的情感写得栩栩如生。这种童年的体验，将成为孩子一生的美好回忆。本文中孩子与父亲相依为命生活，母亲与哥哥则在北京相依为命，最终一家四口在北京团聚并且安定地生活。放鸭子的难忘经历，提升了孩子对人与人的情感认知，视角新颖、情感动人，更升华了对“追随”这一主题的认知。

鸭子们便洪水一样挤了出来，扑扇着翅膀朝外乱飞，我一下傻眼了。

我原谅了妈妈

鲁正伟 男 13 岁 籍贯河南信阳

我跟着乡下的爷爷奶奶一直生活到七岁，有时候一年可以见爸爸妈妈一次，有时候一年也见不到一次。就在我以为他们不会再要我的时候，妈妈却从城里赶回来接我了。

我跟着妈妈坐车来到了北京。到达妈妈住处时,已经是半夜。推开门，屋子小得让人喘不上气儿来，但干净整洁，地上没有一点灰尘。不像老家，房子虽然很大，但地上积着厚厚的灰尘，奶奶养的鸡还到处拉屎，一不小心就会踩上一脚。刚进屋，妈妈就将手指头压在嘴唇上做了个小点声的手势，并指了指另一边。我轻轻地侧身进屋，床上躺着一个肚子胖胖的男人，他的呼噜声不是很大,但很有节奏感。妈妈小声告诉我那个人是我爸，他明天要上早班。我打量着床上的男人，瘦削的脸上一对浓眉，微张的嘴唇下面有一撮铁青色的胡子，不长，但像钢针一样。

妈妈变戏法一样拉开一块布单，那是为我准备的床，上面有叠得方方正正的豆腐块，枕头上也盖着一张布，我将脸埋在枕头里，好香的肥皂味儿。这一晚，我睡得很香，好像连梦都没有做一个就睡到了天亮。

我起来的时候，爸爸已经上班去了，小桌子上放着冒着热气的粥，妈妈还在门口屋檐下为我煎鸡蛋。

吃过早饭，妈妈陪我到她联系好的行知学校考试。考题很简单，我都会。上学的事落实了，妈妈把我带回住处，并来回重复在哪里上车、在哪里下车，直到我复述得完全正确，妈妈才放心。我担心妈妈又把我一个人丢在这个陌生的环境里，就求她带上我，妈妈无奈地叹了一口气。

第二天，我们刚坐上公交车，妈妈说忘记了东西要回家去取，让我直接到行知学校门外的车站下车上学，放学后自己坐车回去。妈妈说完，就下车走了。

车门关上了，我刚被母爱温暖的心一下子降到了冰点。我呆呆地望着车窗外闪过的街道和人流，眼泪无声地滑落。

傍晚回到住的地方，妈妈回来了。我躺在床上装睡，没理她。妈妈把我拉起来，拥着我的肩膀跟我说她不会再扔下我了，只是上班的地方不让带孩子，否则要丢工作；丢了工作，我们就没饭吃，没地方睡觉。

我理解并原谅了妈妈，我只想对我妈妈说，不管他们走到哪里，我都要追随，请不要再丢下我。

怀旧船长点评：每一个孩子的成长中，都难免与父母产生矛盾。对打工子弟而言，离别、失去爱，复又得到爱，是家常便饭。离别与重逢，怨恨与和解，都需要父母与孩子平等、互信、互谅。本文的“原谅”一词，正是缝合亲情伤口的那根线。

第二辑　我家

家，是心灵的港湾，身体的休息之所。

对于天真烂漫的孩子而言，家是最依恋的所在。他们在这里认识世界，在这里承接阳光，在这里感受心灵的悲欢。

打工子弟随父母漂泊。他们眼中的家，与安定团结的家截然不同。难能可贵的是，他们丝毫没有抱怨，以阳光的心态写出了爱。他们写出了漂泊之家的种种温暖，也赋予了故乡的家以田园的诗意。

这是少年游子们的心声。

读他们的作品，不仅能了解他们的生活，更能走近他们的心灵。

我心向往的地方

万旭阳 女 12 岁 籍贯四川成都

望着北京难得一见碧蓝如洗的天空，心里不知为何生出一种淡淡的忧伤。就如现在天上这白云一样，就算风把它吹走了，天空也会留着它来过的痕迹。

阳光穿过薄薄的云层洒向大地，我的思绪同着这些光束一起升去了我心中的天堂……

小鸟的歌声唤醒了我，也唤醒了阳光。和煦的阳光从茂盛的树叶间钻了出来，靠在门上，飘忽晃动，仿佛在召唤着我去推开那扇古旧的木门。

推门进去，映入眼帘的便是餐桌上摆放整齐的碗筷。随后，从小院左侧传出清脆如小溪流水一般叮叮咚咚的音乐，那是姥姥在厨房用锅碗瓢盆演奏出的交响乐。姥姥年轻时，是十里八乡数一数二的美人，整齐乌黑的头发总是梳成一根大辫子背在脑后，走起路来跟风一样。就在不经意间，岁月硬是在姥姥头上插入了几根顽固的白发，不停地在屋里穿梭的身影佝偻得像一根压弯的扁担。昏暗的厨房里，那背影显得更加苍老笨拙。我鼻头一酸，赶紧别过脸擦掉滑出眼角的泪，反身退回到院子里。

在十点钟方向，姥爷坐在不知什么年代就已存在的大榆树下偷得半点时光。他背靠着泛红的木椅，一手扶着厚厚的老花镜，一手将今早刚到的报纸举在眼前，一字一句地读着，不时从石桌上摸起茶杯，轻嘬几口又放了下去。和煦的春风撩过我的发丝，仿佛在向我报告，她来了。

小狗笨笨不知道从何处突然像阵风似的蹿了出来，亲昵地将它的两只小前爪搭在我的腿上，黑溜溜的眼睛可怜巴巴地望着我，好像在怨我这个“负心汉”抛弃了它。

我抱起笨笨，望向田野里那片心甘情愿留在这乡野作青山陪衬的无边无际的油菜花。它们开得是那么安静自在，也许它们根本不屑与城市温室里的花朵媲美，肆意怒放。它们自由地点缀在这可爱的土地上，像是一幅价格高昂的艺术画。蜜蜂们在花间飞舞，带走花儿身上的甜蜜，花儿们优雅地欠欠身，对这位辛勤的传播者表示深深的谢意……

一阵醉人的花香钻进我的鼻孔，我醒醒神，收回了思绪。故乡才是我心向往的地方，我真正的家啊。

怀旧船长点评：漂泊的游子最想家。本篇将刻印在记忆中的家写得极有动感，证明万旭阳同学在“立体画面”的训练中基本掌握了方法。从平面思维过渡到立体思维，需要不断练习，方能写出令人印象深刻的文章。

故乡才是我心向往的地方，我真正的家啊。

家，在记忆里安放

陈若璇 女 13 岁 籍贯河北保定

清晨的第一缕阳光穿过百叶窗缝隙，直射我蒙眬的睡眼。我强行拆开不愿分开的上下眼皮，想再赖一会儿床。

一阵饭菜的香味瞬间勾住了我的胃，我顺着香味找到了源头——厨房，只见姥姥和妈妈正在将热气腾腾的馒头从蒸锅里往筐子里拣。我顺手抓了一个，很烫。我双手倒腾着馒头，一跃坐上了窗台，欣赏着我的家。

台阶下是一个不大的院子。爸爸正在“陶冶情操”。他每天早上都要来看望他的宝贝儿们：月季、牡丹、牵牛，还有一棵槐树。这都是他的至爱。花坛旁有一个大缸，里面经常装着妈妈洗菜淘米用过的水。听爸爸说，洗菜水和淘米水用来浇花最营养，但也要放在缸子里沉淀两天才能用。水龙头里的水是不能直接用来浇花的，水里的漂白粉会把花们浇死。

“您的这些宝贝还真是娇贵。”我背着爸爸撇撇嘴。

爸爸对他的那些花宝贝真是用心啊，让我都有些嫉妒了。哪种花该浇多少量，什么时间浇，多久浇一次，他一点也不马虎。爸爸总是一边浇水，一边哼着歌，脸上洋溢着满足的笑容。

台阶上是一排高高的砖瓦房，一共是三间正房，左边是姥姥姥爷的房间，中间是宽敞的客厅，右边是爸爸妈妈的房间。厨房在后院，我的房间紧挨着厨房。

后院还有一个不大的菜园子。我叼着馒头跑到后院，只见姥爷也在侍弄着他的宝贝儿们。姥爷没什么乐趣，就是喜欢在院子里种一些蔬菜。只要屋子里不见姥爷的身影，他一准儿就在后院的菜园子里。每次见到他，不是在给菜苗们浇水，就是在拔草，或者拿着一个小铲子在松土。姥爷每天的悉心照料也没有白费，种出来的蔬菜吃起来总是香甜可口，跟市场买回的味道还真是不一样。他总是说："菜是命根子，没有菜，我们的健康就完了！"

回到前院，姥姥正坐在屋檐下做着针线。我的姥姥有一双巧手，缝双小布鞋，缝个衣服，织个毛线……在她手上，什么活儿都干得漂漂亮亮。她这会儿正坐在木椅上给我缝沙包呢！我觉得有趣，也坐在姥姥身边，学习缝补。可不知道为什么，那根小小的钢针在姥姥手上那么听话，一到我手上，就跟我对着干，还没缝几针，就连着扎了我两下。我揉着被扎疼的手指头，静静看着针线在姥姥指间穿梭。

一阵清风吹来，带来了邻家的桂花香气。我仰起头，深深地吸了一口，露出幸福的笑容。姥姥摸摸我的头，也笑了。

家，是最温暖的港湾。像这样每天吃着妈妈蒸的馒头，看爸爸浇花，姥爷种菜，蹲在姥姥身边看她缝补，就是最大的幸福。只可惜，在跟随爸妈到北京后，这种刻骨的情景只能安放在记忆里。

怀旧船长点评：人人都有家，但要把家写得生动自然并不容易。若璇同学运用关联思维，还原了记忆中的温馨老家。细微的描述决定中小学生的写作质量，生活画面和人物形象也必须由细腻的笔触完成。

心安之处即为家

薛格鑫 女 12岁 籍贯河北保定

家是精神的寄托，是供我们休息的地方。每个人都有家，连小动物都有家。

从我记事起，我家就一直住在位于北京市海淀区的“大地公寓”里。这是我们在北京的家，一套租来的房子。家不算大也不小，两室一厅，大约八十五平方米。

“丁零零……”我还在美梦中，闹钟就响了。本来还想再眯一会儿，可是妈妈的声音随风而来，又尖又细，比闹铃声刺耳十倍，催促我赶快起来上学。

拿着妈妈给的零钱，我在路边小铺买了几个包子，一边吃一边朝学校赶去。

今天学校也没有什么特别的趣事，课程是这学期开学就安排好的，周而复始。还没到放学，我就已经惦记起家里一周才有一次的家庭盛筵。

放学铃声一响，我就抓起书包往家奔。还没进门，就已经嗅到了妈妈亲手打造的饭菜香味。推开门扭头往厨房一看，爸爸竟然也在帮忙。我一愣，抓抓脑袋，怎么也回想不起来今天的太阳是不是从西边出来的。再一回头，原来是爷爷奶奶来了。

很快饭菜就摆上桌子，满满的一桌，香气扑鼻。我们一家人围坐在餐桌边准备开吃。我拿起筷子刚准备朝早就看好的红烧肉下手，赶紧又放下了。幸亏爸爸没看见，要不又得挨训了。

我们家有一个规矩：吃饭的时候必须长辈先动筷子，晚辈才可以开吃。我们一直等着爷爷洗完手回来坐好，才正式开吃。

在餐桌上吃饭时，我们家人会互相给彼此夹菜：爷爷给奶奶夹，奶奶给弟弟夹，弟弟给妈妈夹……看得我眼花缭乱。我们在欢声笑语的餐桌上结束了太过“和谐”的用餐。

晚饭后，弟弟和爷爷在玩军棋，其他人在看电视。而我写完作业后默默地拿着椅子到阳台上坐下，仰视星空。看着星星一颗一颗地闪烁着，像是在逗空洞虚无的夜空玩耍。不知看了多久，我才把神游的思绪给拽了回来。看着他们仍在忙着自己的事儿，并没有人在意我，就又继续看着那美丽的星空神游，渐渐地进入了梦乡。梦里，好多小星星围着我，争着跟我玩耍嬉戏，笑容挂在我脸上。

心安之处即为家，爱是家中最美的花，我爱我家！

怀旧船长点评：本篇前后照应，点题规范，符合语文教学大纲要求。通常，中小学生写作容易大面积铺开，收放不能自如。薛格鑫同学能够迅速审题、结构、点题，故能写出符合标准的作文。

小家有爱也温暖

陈登雯 女 12岁 籍贯河南固始

清晨，一阵饭香钻进我的被窝，撩着我的鼻子。

我以豹子的速度穿上衣服，奔到桌子边。来不及洗漱，伸手夹起一块炒鸡蛋就扔进嘴里。妈妈举着铲子从窗户底下的露天厨房冲了过来，我冲她吐了一下舌头，赶紧拿了洗漱用具，溜到院子里的公共水龙头下洗脸刷牙。

我家很小，既不是整座的楼房，也不是那种几厅几室的单元房，更不可能是别墅了。我的家只是一间分隔成几块的小平房。

一进门，左侧靠墙角立着一个小矮柜，柜子上层放着好多调料瓶，下层放着洗得透亮的碗筷。再往里一些用木板隔出了一小块地方，里面放着一张双人铁床，那是我爸爸妈妈睡觉的地方。床头靠墙放着一个比我还高很多的旧衣柜，衣柜顶上总是放着一口很大的黑色行李箱。

右手边，是一张小桌子，桌子上经常堆着一沓旧报纸，这是我们一家平时吃饭的地方。

再往里一点，是一张高低床，这是我的地盘。上层用来放我的书本杂物，下层挂着花布帘，是我睡觉的地方。每次躺在床上，只要把花布帘放下，我就可以在这一方天地里做各种梦。

有一次，我刚躺进花布帘，立刻开启了胡思乱想模式，不知不觉就进入了梦乡。我梦见自己和爸爸妈妈住进了一栋大别墅，爸爸当上了公司的董事长。我刚搬进去的时候，到门口就被那么大的房子给惊呆了，我朝着房子跑去。这时有两个人开门冲我说："欢迎夫人、小姐回家。"我不明就里地朝里走，屋子里铺着厚厚的毛地毯。我的房间里有一张两米长的粉色公主床，墙上挂着一个超级大电视，电视前面是一排柔软的沙发……

就在某一天，电视上报道说爸爸的公司破产了，爸爸被抓走了。没过多大会儿，一伙人过来说我们的大别墅被他们收走了，我和妈妈被赶了出来。我所爱的大房子就这样消失了。房子里的一切也消失了。我一下子瘫坐在雪地上失声痛哭，刺骨的寒冷把心都要冻僵了。

我从梦中惊醒过来，原来是被子掉到床下了。我从床上坐了起来，捡起地上的被子，用手擦干了脸上的泪水。

我忽然明白了一个道理：家不在大小，只要有温暖和爱，只要能和爸爸妈妈在一起，住在哪里都是幸福的。

怀旧船长点评：此篇虽是虚构，但遵循了空间顺序的写法，表述清楚，有较强的代入感。中小学生写作时，无论虚构还是实录，均须遵循一定的写作规范，才能让文章有层次，达到逼真的程度。

我有一个大家庭

付贤会 女 11岁 籍贯河南固始

一束晨光射到我的脸上，晃得睁不开眼。我把枕巾扯过来盖在脸上打算继续睡，这时却传来一阵阵的狗叫声。

讨厌的小灰，我家的小狗。小灰一身浅黄色的毛，可为什么要叫它“小灰”呢，因为第一次见到它的时候，它灰头土脸，脏兮兮的，就给它取名小灰了。

小灰每天可真是起得早啊！到点儿就叫，比闹钟还准时。它每次只对我叫，谁叫我是家里最懒的呢。

我被它吵得睡不着，只好爬起来。揉了揉眼，可还是困啊。我实在抵不住困意的攻击又倒了下去。直到妈妈冲进我的房间，把我从被窝里拉了出来，我才迷迷糊糊地爬起来走到窗边拉窗帘。

楼下是一个大院子，爷爷正坐在木椅上眯着眼睛看报纸。院子里栽了好多树，夏天的时候，树叶把太阳光全挡在外面，院子里无比的凉爽。树枝上，我家的鸡经常飞上去蹲坐在上面打瞌睡。不过，我最喜欢的是院子里的桂花树，虽然开出的花不是很漂亮，但那香味真是很特别。我最喜欢桂花的这种直透心底的香味了。

院子左侧的厨房里，奶奶的身影撞进我的视线中。看着她忙碌的背影，我心里有点内疚。奶奶每天很早就起床干活，很少见她坐下来休息。

一声狗叫把我的思绪拉了回来。“就是你，以后你早上不许再给我叫了。”我大声地对它吼着，把起床气往它身上撒。它果然不叫了，夹着尾巴回了窝，很委屈地看着我。我有点心软了，走过去拍了拍它的头。

我的房间在二楼，旁边的几个房间都是储藏室。一楼有四间房，分成两个独立的家庭，我家和叔叔家各自拥有一间卧室和一间客厅，左右两端都有卫生间和厨房。爷爷奶奶的房间则在院子大门的旁边。

我们平常都是分开吃饭的，只有逢年过节，一大家才会聚在一起吃饭。

出了大门，就会看见一个大池塘，这里经常会有人来洗衣服。热闹的时候，一群女人蹲在池边一边洗衣服，一边哈哈大笑，笑声总是惊得池塘里不明所以的鸭子四散乱飞。

一阵饭香把我勾了回来。今天是中秋节，妈妈和奶奶已经烧了一大桌子菜。我们一大家人围在圆桌上有说有笑地吃着饭！

一家人团聚在一起，在这乡间小村里吃着农家饭，过着无忧无虑的生活。我希望生活能够永远定格在这一刻，虽然事实上并不可能。

怀旧船长点评：中小学生在写作时，容易忽略环境的作用。然而，恰恰是环境的落地描写才能烘托出气氛，从而为人物的活动奠定基础。本篇至少在环境的描述上初见功力，动感也比较强，值得广大青少年参考借鉴。

我们在北京租来的家

高宏硕 男 12 岁 籍贯山东德州

家，有大有小；有的豪华，有的清贫。不管是大家还是小家，只要里面充满爱，就不会感到寒冷。

我们在北京的家，从面积上讲是个小家，只是一处十几平方米的小房子，还是租来的。从人口上讲，我们家不算小。我们是一个四口之家，有我、妈妈、爸爸和姐姐。姐姐已经工作了，不经常在家住。

我们家里的东西并不多，只有一张桌子，一张床，一台电视机，一张可以当床用的沙发，还有一个衣柜和一个橱柜。东西虽然不多，但是因为房子小，所以我们家就显得拥挤。

我在家里担任着很重要的职务——卫生员。每个周末，我都会早起，拿着扫把拖布清扫。每次，我都会把家里地板擦得没有一点尘土。这么说吧，就算你穿着雪白的衣服，躺在我们家的地板上打几个滚儿，起来后也见不到一点点脏。墙角的那些蜘蛛网，想侥幸逃过我的法眼，那是太难了。一个周末，我又在打扫房间，看着家里被我打扫得很干净，正想收拾家伙休息一会儿，突然瞄见角落里还潜藏着一个蜘蛛网。哼哼！没准儿小蜘蛛正坐一边得意呢。我猛一回头，抄起扫把立马把那个

这个家只要有我在，就不可能让垃圾出现在任何人的视线中。

蜘蛛网打翻在地，扫进了垃圾筐。这个家只要有我在，就不可能让垃圾出现在任何人的视线中。

妈妈是我们家最辛苦的。每天清晨，我都会从睡梦中被阵阵菜香勾起来。大柜子好像知道我是个大馋猫，见我起床，便马上从它的嘴里面吐出我今天要穿的衣服。我刚刚穿好衣服，饭菜就端上桌了。望着这一桌子的菜，有谁曾想过，这些饭菜背后的付出与辛苦。这可是妈妈每天五点钟就起床熬的粥，拌的小菜。看着妈妈为我们这个家而脸上增添的皱纹，我心疼得眼泪在眼眶里面转圈。

我们家虽然很小，也清贫，但我们有爸爸妈妈的爱，这个小家就是世界上最安全温暖的。

怀旧船长点评：跟随小作者的笔触，我们将一个打工子弟之家尽收眼底。他们的生活虽然较之城里人要艰辛得多，但也生机勃勃。本文重点描述打工之家的生活状态，每个人各司其职，连家具都有“人味儿”，字里行间充满童趣，具有一定的代表意义。

港湾

帅晶泽 男 11 岁 籍贯福建福州

太阳的光辉透过玻璃窗，洒落在花盆里一株蒲公英头上，就像爸爸用大手在抚摸他儿子的脑袋。太阳爬到我的床上，用它的大手拍拍我的屁股：“起来了，晶晶。”我醒过来，发现是妈妈在楼下叫我。

我拿起窗台上的水瓶给蒲公英浇水，让它享受早餐。走到一楼的时候，一缕阳光射在正在厨房里低头忙碌的妈妈身上，几根刺眼的白发夹在黑发中间。为了我们这个家，曾经高大的妈妈正在一点点变矮变小。我嗅到了蛋炒饭的香味，奔到妈妈身边，白白的米饭里是黄黄的鸡蛋。我听到小狗小 K 的声音，这会儿我可顾不上管它。我一边享用自己的早餐，一边和妈妈说话。小 K 跑到我的脚边，眼巴巴地看着我，我拨了一些饭到小 K 的碗里，它很快就将碗舔光了。小 K 就是我们家里的一员，它和我妹妹一样爱吃，简直就是个大吃货。其实我跟我妹妹是一样爱吃，就是吃饱了饭还要把剩下的打包带走的那种人。

中午，我在门口就嗅到了妈妈做的饭菜香味。打开门，妹妹和爸爸他们早回来了。我们一家坐在桌边享受午餐。今天的饭菜都是我爱吃的。妈妈的手艺真是比大饭店厨师的还要好。

我吃得太饱了，得出去走走消化一下才行。正好是个大晴天，我拿上一根啃过的鸡腿往外走，小K紧紧地跟在后面。我们跑了几圈，直到满头大汗才往回走。

晚上家里来了客人。我们家很好客，不是爸爸的朋友，就是我们家的老乡，不时地聚在我家。每次妈妈都很辛苦地准备饭菜。我回来刚走到门口，就听到屋子里好多人在大声说笑。门口乱七八糟地放着几双鞋子。妈妈一个人在厨房忙碌，爸爸在跟客人聊天。

我爸爸是个懒人，每次回来就抱着个手机抢红包。当然了，爸爸每天都去外面工作赚钱给我们花，也很辛苦，所以他回来就玩手机,妈妈也不会说他。我有时候会到厨房帮妈妈干些活儿。

我喜欢我的家人我的家。无论我这只航船去了天涯海角，我都知道永远有个温暖的港湾在等着我。

怀旧船长点评：本文通过早、中、晚三段剪影，把“家”写得很有人情味儿。用较短的篇幅连缀起来，展示一个完整的家，并不容易。小作者思维感性，有画面意识，感觉思维的成功运用让本来平铺直叙的作文显得不那么单调。

第三辑　父母

父亲，母亲，永远是值得书写的对象。

没有哪座山比父爱更高，没有哪片海比母爱更深。

父母之爱是一种共同语言。

在打工子弟们的笔下，这种天然的爱又因生活的艰辛而涂抹了斑斓的色彩。他们缺少爱，所以珍惜爱；他们渴望爱，所以发现爱。所有的爱，因为有了离情别绪而变得刻骨铭心。

读他们的作品，会被他们朴素的情感和坚定的信念所感动。

挫　折

刘耀娜　女　12 岁　籍贯内蒙古武川

一户农家大院中，放着一张铺着褥子的双人床。一个长相普通的女孩坐在床上，挑战着烈日的折磨。褥子刚被晒干，汗水又浸入棉层，但她不能挪动半步。

女孩的腿神经坏了，无法行走，无法上学，更没有朋友、同学和老师。一想到这些，女孩儿就抑制不住，泪水从心中奔涌而出。

她讨厌这烈日，但只有太阳才如此亲近她。

这位普通平凡却命运悲惨的女孩就是我的母亲。

妈妈从小最珍惜的东西是一本词典，一本花了五十四元钱买回来的词典。她在孤寂的院子里，在鸟的鸣叫声中反复翻看那本词典。岁月从指尖偷偷溜走，那本词典也被她翻烂了。

妈妈的双腿虽残疾了，可她有决心和自信，她相信自己的腿能好起来。然而造化弄人，她恢复不了了。姥姥背着她四处求医问药，最终的结果是妈妈这一辈子都站不起来了，只能在轮椅上度过。当那位权威的医学专家告诉她时，妈妈的天空下了冰雹，将她的心冰冻了。

姥姥抱着妈妈说：“孩子啊，妈对不起你。如果可以，妈愿意把自己的腿给你……”妈妈抱着姥姥痛哭，但是哭完之后，还得面对每天升起的太阳。

生活，总是要继续，不管有没有挫折。

直到三十岁，妈妈才结婚。可爸爸天天喝酒，喝醉了就拿她撒气，下手打跑都没法跑的妈妈……就在妈妈对生活绝望的时候，她有了我。我的到来给了妈妈活下去的勇气和希望。但爸爸嫌弃我是个女孩儿，对妈妈更加不好了，时不时还威胁着我的安全。妈妈的日子更艰难了，那个家她实在待不下去了。可妈妈的腿走不了路,她只能每天抱着我哭。年幼的我见妈妈哭，也跟着泪流不止。五年后，妈妈在姥姥的帮助下，偷偷带着我跑了，后来终于跟爸爸把婚离了。

之后，又是一次次挫折。没有一家公司愿意要妈妈，虽然她很努力。不过妈妈没灰心，我们来到了北京，她坐在轮椅上做起了网络客服。电脑那一边的人看不到妈妈的腿，只会感受到妈妈那温暖的服务和周到的解答。每每午夜梦回，我的耳朵里总是传来如同密雨的键盘敲打声，我喜欢这安全的声音。同时做几家淘宝店的售后客服，母亲的确很忙，但她在屡屡的挫折中越来越坚强。

我们在北京租来的窝只有十平方米，但我喜欢这个地方。我爱母亲，她是我心中的英雄和人生导师!

怀旧船长点评：刘耀娜同学这篇作文重在写情、写志、写爱。母亲的人生坎坷，她从不屈服，唯一隐忍的或许就是在不幸婚姻中尽力保护好自己的女儿，她的坚韧不拔终于让她和她的孩子一同摆脱了噩梦般的家。北京的新生活开始得曲折，却在母亲的坚强和坚持下渐渐安定。当时中央人民广播电台著名主播小曾老师朗诵此文时，易本耀校长泪如雨下，在场的家长和同学们也默默啜泣。好的作品应体现生活的本真，无须雕琢，足以感人。

父子俩的影子叠加在一起，
像一棵小树紧紧贴在一座大山上。

父亲原谅了闯祸的我

杨京超 男 11岁 籍贯河南信阳

空气干燥得能闻见地面上的泥土味儿，我的心情则像外面的蓝天一样高远。胡同口停着一辆外表光如明镜的奥迪车。阳光打在车身上，接着又被反弹出去，散乱地射向四方，勾引得我们一群孩子向它靠近。

看着我手上还没有半块巴掌大的玩具汽车，再看看眼前这辆真车，我忍不住这里摸摸，那里看看。心想：这简直就是小丑和高贵天使的比较啊。我拿着手中的玩具车，不知不觉中把奥迪车当成了跑道，用玩具车在上面滑来滑去。可万万没想到，玩着，玩着，奥迪车身上被我划出了几道浅浅的印迹。沉浸在玩乐中的我并没有意识到自己已经惹了大麻烦。

车主来了，看着被划伤的汽车，脸瞬间像被抹上了一层黑炭，他像拎小鸡崽一样把我拎起来扔到一边，怒吼声震得像打雷，嘴巴张得能吞下一头牛。见惹了祸，其他孩子一窝蜂似的四窜逃走，一会儿就跑得没影儿了。

得到消息的父亲来了，又是赔礼又是道歉，说尽了好话，最后不知道赔了人家多少钱，车主总算放过我们。回到家，我知道犯了错误，自觉地找来搓衣板跪在上面。父亲被气得暴跳如雷，拿了一根拖把棍子要揍我屁股。

我大喊一声：“不要打，疼！”

父亲也知道这棍子打下去，我屁股要开花。只见他的手高高举在半空中，瑟瑟发抖，眉毛被挤成了一个大大的“一”字。空气仿佛被凝固了一般，只有那大胆的蝉还在树上知呀知呀地哼叫。

就这样僵持了几秒钟，时间却漫长得像过了几百年。最后父亲将棍子一扔，深深地叹了一口气，一转身出门去了。

傍晚，圆月早早地爬上天空，把外面照得亮光光的。父亲回来了，发现我还在那儿跪着，他的眼泪涌了出来，一把把我抱在怀里，帮我揉着被硌出血印的膝盖。从窗户照进来的月光洒在我们身上，将父子俩的影子叠加在一起，像一棵小树紧紧贴在一座大山上。

父亲，就是那座我可以依附的大山。

怀旧船长点评：每个孩子的成长过程中都会遇到问题，也常会犯错误。此篇聚焦孩子犯错后父亲又气又痛的双重矛盾，情节有起伏感，脱离了平铺直叙的套路，既写了父爱，又融入孩子自身的反思，角度新颖，选材独特，是比较出色的作文。

可爱的父亲

陈怡然 女 11岁 籍贯河南濮阳

站在阳光下忙碌的父亲，笼罩在一片金色的光影里，格外地高大帅气。

我的父亲有一米七五的个子，一双黑葡萄般的眼睛，比杏儿大一点的嘴，黑黑的头发像撒了一层煤炭。父亲的肚子总像揣着个大西瓜，走起来一颠一颠的。他很喜欢把两只手背在背后，样子威严，像个领导。

父亲对别人说话，都很严肃，但对我们，却从来不发脾气，整天都笑嘻嘻的。如果我做得不对了，他顶多瞪我一眼，然后就忍不住自己先呵呵笑起来。

一次，我刚放学走进家门，父亲让我再下楼帮他买包烟。我果断地说："不去！"父亲就拿眼瞪我，我冲他吐吐舌头，扮了个鬼脸，然后跑进房间。当我从门缝偷眼瞄父亲的时候，他却没有像往常那样呵呵地笑，而是轻轻地叹了一口气，自己穿上衣服下楼去了。坐在房间里写作业的我，觉得今天的父亲有点奇怪，不过也没太在意。过了好一会儿，下楼买烟的父亲还没有回来，我开始感到不安，有点坐不住了，就穿上衣服下楼去找。

在楼下的小餐馆里，我发现父亲一个人坐在屋子的一角，默默地抽着烟，一脸的落寞。他面前放了一碟花生豆和一小瓶二锅头。我悄悄走到他的背后，趴在他的肩上。他吓得身体抖了一下，回头一看是我，冲我笑了笑，指了指旁边的小凳子，把那碟花生豆往我面前推了推。我坐在父亲对面，低垂着眼皮，轻声说："爸爸，对不起！但抽烟真的对身体不好。"

爸爸拍拍我的手，掐灭了手上的烟，告诉我是他不好。原来他是因为工作上的事在烦心。爸爸一口喝干杯子里的酒，收起桌上的酒瓶揣进兜里，拉起我的手说："走，回家！"

到楼下的时候，爸爸提议比赛爬楼梯。谁怕谁呀！没等爸爸喊开始，我便哈哈笑着拔脚开跑。爸爸呵呵笑着，一步跨两个台阶，很快就超过我跑到了家门口。看着笑容重回脸上的父亲，我站在楼梯拐角处耍起了小赖皮，要求重比一次。父亲拍拍他粗壮的胳膊，大声说再比一百次，也是他赢。

有父亲这座大山在，天塌下来都不怕，有父亲在，我心安。

怀旧船长点评：此篇主要刻画人物。写人，对广大中小学生是个难题，对作家来说亦是难题。怡然同学通过细微的观察写活了父亲，对形象、性格也有初步解构。虽然笔下呈现的都是小事，但事件的转折却是本文的亮点。

工地上的父亲

卜令全 男 12 岁 籍贯山东临沂

“一二一，一二一，加油！”

父亲跟随几名工友，抬着成捆的钢筋，在尘土飞扬的工地上喊着响亮的号子，一点一点移动着脚步。汗珠从他的头上跳下来，打湿了沾满泥土的后背。

父亲长着国字脸，曾经如墨汁般的黑发不知道什么时候变得比工地上的尘土还要灰白。两只晶莹透亮的葡萄般的眼睛下面，总是吊着两条软软的大虫子，两道黑黑的眉毛倒是没怎么变。父亲的身体像一架滑梯，我像沾在父亲身上的汗珠，总是淘气地在滑梯上玩耍。

我跳到工地上的土坑里，一边玩泥巴挖城堡，一边等候父亲下班。今天是父亲发工资的日子，他说要带我和妈妈出去好好吃一顿，改善生活。

蹲在土坑里的我挖着城堡，想象着我像王子一样端坐桌边，胸前围着雪白的餐布，等候仆人为我端上一道道精美的菜肴……我的口水禁不住滴下来，打湿了泥巴。

随着一声欢呼，父亲他们干完了今天的活儿要下班了。下班就可以去项目部领工资。看着满身泥土的父亲露出一口白牙朝我走来，脸上的笑容是那样的疲惫。他伸出手拉我，露出骨节的手指上满是裂口，捏得我手疼。记得以前，父亲的手虽然也很粗糙，但手掌厚实，挺有肉感，我的小手放在他的大手里，总会油然而生一种安全感。站在父亲身边，我忽然发现父亲变矮了。

父亲每天都是天不亮就要去工地工作，很晚才回家。冬天披着一身的寒气，夏天带着一身的汗味，脸上总是沾了很多灰。每次我给他打来洗脸水，他总是摸摸我的头，疲惫的笑容中带着满足。

父亲一直想找个挣钱多一点的工作，不管有多累，他希望我跟妈妈能过得好一点。

跟在领了工钱的父亲身后朝饭馆走，看着他已经有点驼的背影，我的心抖了一下。

怀旧船长点评：本篇直入父亲工作场景，将父亲与工作环境融为一体，体现了父亲为养家所付出的艰辛。在写作文时，通常容易空谈，主要原因是中小学生未能将环境与人物协调统一的缘故。此文因理解环境的衬托意义，从而成功刻画了农民工父亲的形象。

松鼠爸爸

周可心 女 11岁 籍贯山东聊城

苍翠的松树林里，松鼠爸爸正骑在一根粗壮的松枝上打松果，松鼠妈妈带着女儿露露站在树下，将松鼠爸爸打落的松果捡到篮子里。

露露披着一身柔软光滑的黄毛，眼睛犹如一滴蓝色的水珠，透着甜甜的笑意，长长的睫毛向上翻卷着，一张粉嘟嘟的樱桃般的小嘴，毛茸茸的大尾巴总是直直地立着，样子乖巧可爱。它可是爸爸妈妈的心肝宝贝。

一天晚上，露露在妈妈的故事中进入了梦乡。突然，轰的一声巨响，一道蓝色的火弧撕裂天空，裂缝中滚下一团巨大的火球，落在了露露它们家居住的松树林里。干燥的松针毕毕剥剥燃烧起来，松树林瞬间成了一片火海。

松鼠爸爸抓起睡梦中的女儿就往外走，森林里到处弥漫着刺鼻的烟味，熏得睁不开眼睛，那些与爸爸妈妈失散的小动物们一边奔逃一边哭喊。露露紧紧地伏在爸爸的背上，看着冲天的火光瑟瑟发抖。

松鼠爸爸背着女儿，带着松鼠妈妈左冲右突，来到一片湖边上。如果能够快速游到对岸，就可以脱离火海，但松鼠一家都不会游泳。看着越烧越近的大火，松鼠爸爸找来一段干木头，它和松鼠妈妈合力将木头推到水里，让露露和妈妈坐到了木头上面，松鼠爸爸站在水里托着木头往前行走。

湖水打湿了松鼠爸爸身上的毛，它的身体变得沉重起来。冰凉的湖水透过它薄薄的皮肉，刺得骨头都疼。但为了妻子和女儿能够活下去，松鼠爸爸咬紧牙关，拼尽全力坚持着。好几次，松鼠妈妈想要跳到水里，换松鼠爸爸歇一歇，都被严厉阻止了。松鼠妈妈知道，自己下到水里，不但帮不上任何的忙，只会让松鼠爸爸担心，可能还会连女儿也救不了。

听着松鼠爸爸越来越弱的喘息声，松鼠妈妈的心像被千万根钢针在扎。看到只有十几米就可以靠岸了，突然，木头迅速地往前推行了一下，触到了岸。松鼠妈妈抱起露露跳到岸边，回头正要拉松鼠爸爸上岸，却看见松鼠爸爸正慢慢地朝湖底沉去。

露露哭喊着叫爸爸，可回答它的，只有山林传出的回声。

父亲，就是那个在生死时刻不惜用自己的生命保护你的人。

怀旧船长点评：这是一篇写作较为成功的童话。中小学生在写童话时有一个认识误区，以为童话是难写的文体。其实，无非是赋予故事中动物、植物或任何物体以人的情感、个性，将它们当人来写就可以了，其余方法都是一样的。

鱼骨头

朱灿 男 12 岁 籍贯河南信阳

睡梦中，一阵扑鼻的饭香强行将我和正在见面的周公拉开。睁开眼，母亲在门外叫我起床，说是做了我最爱吃的红烧鱼。

鱼可是我的最爱，毫不夸张地说，我见了鱼比见了亲娘老子都亲，比猫见了鱼还要欢喜。一听说有鱼，我立刻跳下床，趿拉着拖鞋，一边走一边系扣子，脸不想洗了，牙也来不及刷了，就冲到桌边。桌子上一大盘含有母爱香味的鱼正散发着缕缕诱人的烟雾，油光光的色泽勾得我直吞口水。我抓起筷子就夹了鱼肉往嘴巴里塞。母亲爱怜地敲了一下我的头说，洗脸刷牙去，没人跟你抢。

我舔着嘴巴草草地洗漱完毕，又坐回到桌边吃鱼。爸爸已经早早地出门上班去了，妈妈坐在桌边微笑着看我，却不动筷子。我一边大口吞咽着鱼肉，一边含混不清地对妈妈说："您也吃呀。"妈妈却说她不爱吃鱼。

虽然知道没有人跟我抢，但妈妈做的鱼实在太好吃了，用狼吞虎咽来形容，一点也不为过，结果一不留神我就被一根细小的鱼刺卡住了。慌乱中，我猛烈地咳嗽起来，憋得满脸通红。妈妈冷静地告诉我吞一大口豆腐下去就好了。我夹了一大块豆腐，放在嘴里，用舌头卷成团，一瞪眼就吞了下去。还好，这方法挺管用，豆腐帮我拔掉了鱼刺。当盘子里的鱼被我吃得只剩一副骨架的时候，我才抚摸着胀得有点疼的肚子放下筷子。一看表，上学要迟到了。

我背着书包冲出家门，刚走到胡同，突然想起作业没有放进书包里，我又返回家。

推开门，看到妈妈正小心地挑着我吃剩的鱼骨头上的碎肉，吃得是那么专注那么香，以致我推门进来，她都没有发现。

看到我，妈妈的脸上有一丝尴尬，她放下筷子跟我说看着鱼骨上面还有好多肉，丢掉挺可惜的。这一刻，我终于明白，原来妈妈一直说她不喜欢吃鱼只是一个善意的谎言，她是希望把好吃的、好用的都留给我。

也许，这就是母爱吧。

怀旧船长点评：作文的生命是细节，而细节需要具体的事物作支撑。本篇抓住“鱼骨头”这一细节，从侧面描绘了一位母亲对孩子的付出与爱。这种爱通过生动的细节表现出来，就具有代表性，让母爱有了实质内容。

爱如烈火

李佳硕 男 12岁 籍贯河北保定

七月的骄阳直直地烘烤着大地，大地仿佛要被点燃了。一个男人站在烈日下跟一个小伙子正热烈地讨论着什么，大手有力地挥舞着，嘴里哇啦哇啦地飞出一些听不懂的词，头顶的黄色安全帽在太阳下闪着金光。

那个挥手的男子是我的父亲。

我的父亲是搞建筑的，他平时多数时间都在工地上，要管材料，看图纸，基本上没有休息日，就更不用说有时间带我出去玩儿。可以说是整天忙得脚不沾地，早出晚归。一忙起来的时候难免脾气就会大一些，嗓门也会大一些，工地上的人都有些怕他。

那次我到工地上玩儿，看着他满头大汗地站在塔吊底下指挥工人装材料，我就拿了一块毛巾跑过去，踮起脚尖帮他擦汗，没想到他却对我大吼一声："回去，这里不是你待的地方。"

我的心碎了一地，不明白我明明是心疼他，他为啥还要跟我吼。我默默地回到项目部的房子里，心里装满委屈，望着堆在墙角的图纸呆呆地出神。

直到太阳落山，父亲带着一身的灰尘味儿和熏人的汗臭味来到项目部找我。见我闷闷不乐的样子，父亲摸摸我的头，我固执地将头偏向一边。接着父亲变戏法似的从裤兜里摸出一块已经开始融化、变得稀软的巧克力，塞到我手里。我舔着糖纸上的巧克力，香甜的巧克力很快滑入我的舌根，真是跟电视广告上说的一样丝滑。

巧克力的香甜带走了我心里的不快。我和父亲走在回家的路上，父亲用他砂纸一样的大手拍拍我的脸说，工地上如果不戴安全帽是很危险的。接着就跟我讲了一通道理，什么指甲盖大小的一颗小石子如果从几十米的高空坠落，会砸穿人的头盖骨，会将几厘米厚的玻璃砸出破洞来，听得我汗毛都立起来了。

我总算明白，父亲对我大声地吼，他是有多担心我的安全啊。他这样关心我，我竟然还误解父亲，真是不应该。我紧紧抓住父亲的手，小声说“我知道了”。

父爱，有时如烈火般灼人，但当你了解过后，又会感到无比安全和踏实。

怀旧船长点评：写故事，写亲情，中小学生一直都在练习。然而平铺直叙的写法若没有深刻内涵和语言特点，易流于普通。本篇特点在于小作者用了V型结构法，即有冲突和转折，因此才有了文章的起伏感。

母爱是座安全岛

段鹏 男 11岁 籍贯河南息县

我一直生活在母亲苦心经营的安全岛上，可我却不知道母亲对我的爱有多深，总是误解她，嫌她烦。

有一次我好几天没有洗澡了，就对母亲说想出去洗澡。母亲二话没说就从兜里掏出十块钱给我。还告诉我，快去快回，一会儿就要吃晚饭了。

我拿起手机看了看，5:30，便说一个小时准回来。刚走出家门没几步就看见了同学黄龙续，他跟我说现在新出了一个精灵可厉害了，也不贵，只要充一个月的VIP就能得到。他说的那个精灵可是我一直想要的，可是我现在手上就只有十块钱，如果拿去充值就没钱洗澡了。最终在他的鼓动下，我把妈妈给的用来洗澡的十块钱在小卖部买了充值卡，然后来到他家。

我们打开电脑登录，将充值卡号输入游戏，很快就领到了精灵最高战斗力。我们趴在电脑前玩起了游戏，一直到天黑，我领到的七千多战斗力打没了。我抬头一看，坏大事了，已经八点多了。看着头上乱糟糟的头发，身上还散发着臭味儿，我耍上了小聪明。我在黄龙续家接了一点自来水，把头发弄湿，换上袋子里的干净衣服，赶紧往家跑。

我来到家附近，远远地看见母亲站在胡同口的路灯下，伸着脖子，跺着脚转圈圈。我怕母亲打我，躲在墙角处不敢出来。看着母亲摸出手机在四处拨打电话找我，急得快哭的样子，我知道再躲下去会惹出更大的麻烦。

我低着头，怯怯地站在路灯下。母亲冲过来一把抓住我的胳膊，大声责问我干吗去了。我心虚地回答，不是洗澡去了嘛。没等我说完，母亲抬手就给我两巴掌。我的半边脸顿时红了起来。我推开母亲跑回家，冲进房间锁上门，眼泪涌了出来。

又过了一会儿，母亲过来敲门说对不起，不该动手打我，但她真的很担心我。其实我早就知道是自己不对，赶紧跟母亲说是我不好。

从此以后我明白了一个道理：水再深也有底，但母亲给我的爱永远没有底线。

怀旧船长点评：本文采用了“冲突”的情节构造法。儿子做错了事的惊惶与母亲焦灼的守望、发怒形成冲突，而结局母亲的道歉和儿子的悔悟构成了完整的故事闭环。文似看山不喜平，讲的就是这个道理。

卡车司机

胡俊波 男 11岁 籍贯河南信阳

烈日炎炎的马路上，一辆卡车拉着满满一车渣土向前行驶。一个男人坐在蒸笼一样的卡车驾驶室里，精神紧绷地转着方向盘。这个男人就是我的爸爸。

我的爸爸是一位卡车司机，他每天早出晚归地忙工作。每次回来，两条腿上都会沾满泥巴。爸爸有一米八多的个头，不胖也不瘦，脸上皱纹不多。他做起事情来风风火火，就连平时吃个饭，也是跟打仗似的，大口大口地往嘴巴里扒，还发出吧唧吧唧的声响。爸爸睡觉的时候会打呼噜，但我不觉得那声音吵，倒觉得像是催眠曲，哪天要是没听，我还很难睡着。

有一次，我问爸爸为什么每天早起晚归的，爸爸说还不是为了让我们家日子好过一些。还说看爸爸这么辛苦，你还不好好学习。我以为爸爸是批评我呢。可是直到有一天，哥哥上完大学找了一份干活轻松、挣钱又多的工作，对比爸爸的工作之后，我才知道没有文化，挣钱真的很难。

一天爸爸和妈妈都出去工作了，我的肚子饿得咕咕叫。我把家里翻了个遍也没找到一分钱。到了晚上十点多的时候，爸爸回来了。我一下从床上跳了下来，跟爸爸说我想吃火锅，爸爸二话没说，骑着电动车带着我到村里找了一圈，可太晚了，火锅店都关门了。我和爸爸只得沮丧地回到家。见我不甘心的样子，爸爸说他为我做火锅。可冰箱里只有一只鸡，于是爸爸给我做了一锅鸡肉。虽然火锅最后被改成了炖鸡，但我觉得这是我长这么大以来吃过的最好吃的味道。

放假了，我缠着爸爸带我去他工作的地方看看。到了工地，眼前的一幕让我震惊：两三个很大的土坑，几台挖土机，突突突地吼叫，尘土扬起，都看不清对面的人。我终于知道爸爸为什么早起晚归，而且每次回来都会带着两裤脚泥巴了。

为了孩子和家庭，任劳任怨甘心付出，苦和累总是一个人扛，这就是伟大的父爱。我想对爸爸说：谢谢您。

怀旧船长点评：本文用简略的文字刻画了一位勤劳、慈爱的爸爸形象，叙述详略得当，集中写了爸爸为儿子弄吃的这一“细”节，与平时印象里爸爸的“粗”形成对比，增强了人物的立体感。

暴雨中的母亲

李佳旭 女 12岁 籍贯黑龙江五常

黑漆漆的乌云密布天空。天空中划过一道道闪电，将大地照得无比透亮。路上的行人在慌乱地奔跑。这是暴雨来临前的征兆。

一所学校一年级三班的教室里，一个小女孩紧皱着她细细的眉毛失神地望着窗外。

雨说下就下，瞬间就像决堤的洪水一样从天上倾泻而下，不一会儿，一股股污水卷着垃圾和烂树叶在地上横冲直撞。校门外不远处，一位年轻的妇女推着一辆自行车小心地蹚着水。她身上穿着一件下摆快拖到地上的雨衣，看不出胖瘦。

水，已经漫过她的大腿，她看上去更矮了。她终于看到了站在教室门口张望的女儿，嘴角露出了一丝微笑。

小女孩飞跑着扑进女人的怀里，她张开双臂，一把将女孩搂在自己的胸口。女孩仰起小脸，伸出小手替母亲拨开贴在脸上湿漉漉的乱发。母亲将小女孩抱到后座上，又脱下身上的雨衣，穿在女孩身上，给她系紧扣子拉平衣角。然后娘儿俩又走进了雨中。

雨没有停，母亲推着自行车在水里一步一步试探着前行。

雨水将她光亮松软的头发打湿了，凌乱地贴在脸上。被湿衣服紧紧裹住的身子看着更加瘦弱了。躲在雨衣里的孩子看不清母亲的脸，但她知道，有妈妈在，自己就是安全的。

胡同里被风吹断的树伸展着巨大的枝杈横在路上，挡住了母女俩的去路。母亲停下车，一时不知道该怎么办才好，小女孩撩开额上的头发帘带着哭腔问妈妈该怎么办。母亲回转身，

她知道，有妈妈在，自己就是安全的。

告诉女儿，有妈妈在，不怕。她抱起女儿爬过树枝，将女儿放在一个高处。再回头搬自行车，由于身材矮小，母亲费力地拉动自行车，将车横在树干上，跳到地上，再将车拖到地面。母亲脸上淌着洪流，不知道是雨水还是汗水，喘息声盖住了哗哗的雨声。母亲再次将女儿抱上车时，长长地吁了一口气，脸上露出满意的笑。

那个女孩就是我，那个女人就是我最敬爱的母亲。

以前我一直不明白，是什么让一个弱小的母亲产生如此强大的战胜困难的能力，现在我长大了，明白那是比海更深的母爱。

怀旧船长点评：文无定法。本篇在场景设置、感觉带入和细节捕捉等方面都很出色。在写作文时，以画面开头是比较稳妥的办法。在中小学阶段，如果解决了画面描写且附着在具体内容上，已经是很棒的表现。

难忘的海滩

李子炎 男 11 岁 籍贯山西吕梁

晚霞给灰白的沙滩镀上一层金黄，湛蓝的海水被染成了红色。一群孩子在追逐嬉闹，几位老人静静地坐在沙滩椅上，仰望着天空中那变幻莫测的云朵。

一位母亲拉着儿子在散步，孩子赤着小脚，在细软的沙子里走得东倒西歪，时不时弯腰捡起埋在沙子里的小贝壳、小海螺。胖乎乎的小手上沾满细沙，白净的小脸上也有几粒沙子。此刻，他身上穿的那件花格子衬衫的口袋里，已经装满了各种颜色的宝贝。母亲爱怜地看着儿子，脸上是满足的笑。

天上那些彩色的云朵颜色在一点点变暗，好像是被撒上了一层灰。先前天空中亮丽的颜色在慢慢退散，海滩变得昏暗起来。几块厚重的黑云从远处的天际翻涌出来，瞬间就霸占了海滩上空。狂风呼啸着卷起沙子，尖叫着朝人们脸上撞击。还没玩够的孩子并不知道灾难的来临，仍然留恋着沙滩上的小玩意。突然被慌张的母亲强行拉着往回走，引起一阵阵哭闹。那位母亲也拉着儿子，随着奔逃的人群急急地往回走。深一脚浅一脚地走着的孩子突然看见前方沙滩上有一枚亮晶晶的贝壳，发出七彩的光。他挣脱母亲的手，朝贝壳飞奔而去。

正在这时，尖厉的海啸警报声响起，盖住了喧闹的人声。远处成排的墨色正铺天盖地朝沙滩涌来，转眼间已到近前。母亲朝孩子扑去，抓住了孩子的肩膀。浪头像一张愤怒的大网朝母子俩头上盖去。就在这危急时刻，母亲拼尽全身力气举起孩子，朝人群扔去。孩子被接应的人群稳稳接住了，而那位母亲永远消失在人们的视线当中。

好多年过去了，当年那个捡贝壳的孩子已经长大成人，变成了一位父亲。儿时的事，好多他已经不记得了，唯有母亲用爱将自己托起的那个镜头，深深地印刻在他的脑海里。每一年，他都会在海啸发生的那天来到这片海滩，重温母亲的爱。

怀旧船长点评：作文要求“情感真挚”，并不是一定要照搬真实生活。本篇完全虚构，但情感真挚。作文是文学创作的雏形，应大胆想象，创造出逼真的情景和画面，同时强化情感的真实。本篇的试验是成功的。

大老粗父亲

梁轩琦 男 11 岁 籍贯山西运城

父亲是世界上最高大的山，不论何时何地都在保护着我。

我的父亲有着一张标准的国字脸，棕中带黑的眼睛里时常布满了一缕缕杂乱的血丝，他的腰板总像竹竿一样挺直，让人心生惧怕。也许是因为太忙碌，没有时间修理，他嘴巴周围总是围着一些钢针似的青黑色胡子，看着就让人不敢靠近。

我和爸爸的脾气性格都很像，又急又暴躁，遇事很少冷静思考，简单粗暴又鲁莽，结果往往是把事情搞得一团糟。老妈经常开玩笑说，不需要去验血，光看我们爷俩的脾气，就可以确定我是我爸亲生的。

我爸的鲁莽急性子曾经让我感觉很丢脸。那是二年级的时候，学校要举行一个小型音乐会，让我们每一个同学都要出一个节目，唱一首歌或者跳一段舞。唱歌我是不行的，总是找不着调，多好听的歌，从我嘴里唱出来都会像在念对白。如果跳舞呢，要求自己配一个唱机做道具，可我家又没有现成的唱机。

放学回家跟爸爸一说，结果我爸那急躁又过于自信的脾气又上来，说那还用买吗，老爸亲自给你做一个。听到爸爸要自己动手做，我惊得眼珠子都要掉出来了。我是知道我爸的动手能力的。不用猜，他做出来的东西一定又是个“四不像”。

第二天，爸爸果然不知道从什么地方搞来了一堆零件。经过两天的忙活，我要的唱机道具还真被爸爸做出来了，不过样子实在古怪，圆不圆，方不方，像个怪物，简直就是奇丑无比。

演出那天，我带着爸爸亲手给我打造的怪物来到学校。看到别人的唱机，有模有样，我简直无地自容。没想到同学们见到我那古怪的唱机都十分好奇，跑来问我这是从哪里买的，我只得心虚地回答是我爸爸自己做的。“哇！你爸爸好能干啊！”听了我的回答，同学们都露出羡慕的神情。听着同学们发自内心的赞美，再看爸爸做的唱机，还真是挺特别的呢。我的心情立刻转阴为晴，成功地跳完了舞。

这就是我的爸爸，一个大老粗，但又能给我细致关爱的男人。

怀旧船长点评：小作者写出了父亲的个性：粗中有细，刚里带柔。而且初步尝试用起伏的情节完成了本文。在写作文时，首先要过滤素材，再将素材融入起伏的情节中，文章才具有活力。

妈妈教我种庄稼

宋雨安 男 12 岁 籍贯江西宜丰

雨后的太阳将大地蒸腾出一股股热烘烘的热气，仿佛要把大地的脸给烫伤才肯罢休。太阳底下，农民们仍然在不知疲倦地忙碌着。

妈妈带着年纪还小的我来到田野。此时的妈妈还很年轻，只有二十多岁。她有着两片柳叶眉和一个小巧的鼻子，喜欢穿一件白色的短袖衬衫，干净又利落，走到哪里都有一串银铃般的笑声响起。

烈日下，妈妈挥起锄头，翻开一片湿润的新土，再把新土用锄头捣碎，挖个小坑，然后拿出几颗种子放进土坑里，再把翻开的泥土合拢盖上。我想看看妈妈种下的种子是不是已经发芽，就跟在妈妈后面，将土刨开，把种子拣出来。一看都没有发芽，我觉得不发芽的种子肯定是坏种子，就随手扔在地上。妈妈发现后，看着我干的坏事，哭笑不得。她告诉我，种子发芽不会这么快，需要时间。我似懂非懂地看着妈妈重新把种子放进泥土里。

趁着妈妈干活，我来到田地边上，那里有几棵菜苗长着绿绿的叶子，还开了几朵紫色的小花。我觉得花被叶子挡住不好看，于是一片片把菜苗上的叶子全部揪下来扔到了地上。

等妈妈看见的时候，我已经连着揪秃了好几棵了。妈妈告诉我，叶子是在保护花朵不被太阳晒伤。虽然我一连干了两件坏事，但妈妈并没有打我，而是耐心地给我讲道理。就在这田间地头，在妈妈耐心的教导下，我认识了好多蔬菜、粮食，也学会了很多做人的道理。

一转眼我已经上六年级了，我的妈妈也已不再年轻，额上有了几条刀刻般的皱纹，原本乌黑的头发失去了光泽，眼睛里也没有了往日的神采。只有在我取得好成绩的时候，妈妈的眼睛才会重新变得亮亮的，眼眉弯弯的。为了我的成长，妈妈付出了太多太多，都快成老太婆了。

岁月夺走了妈妈年轻的容貌，使妈妈不再年轻，但妈妈给我的母爱让我一天天长大，母爱真是一种伟大的力量。

怀旧船长点评：通常，中小学生在写作文时，容易说空话套话，看似很有道理，实则空无一物。本篇的核心是体现妈妈的“教”，但并非“说教”，而是寓理于物，读来亲切自然，堪称广大家长教育孩子的参鉴样本。

世上最好的养料

武嘉乐 男 12 岁 籍贯河南濮阳

山，是很常见的，可父亲这座山却是独一无二的。我的父亲，给我的爱也是特别的。

清晨的阳光洒在父亲身上，光影里的父亲如大山一样高大峻拔。他站在窗前一手托着好似装着大西瓜的肚子，一手把窗前那些绿色植物上的枯叶一片片摘下来，再用小铲埋进花盆中的泥土里。阳光的照射下，我发现父亲浓密的黑发上渗进了几根白线。不，那不是白线，是白头发，是父亲为我们操劳的见证。

我躺在床上看着忙碌的父亲，心里涌动着满满的幸福。

叽喳，叽喳，外面的小鸟们又开始了清晨的演唱会，我也该起床了。我刚把脚伸进拖鞋，脚指头就蹭到了一团软软的东西，我低头一看，便“啊”的一声尖叫起来，一个纵步跳回了床上，脸色发白，嘴唇哆嗦。听到叫声，父亲扔下手上的小铲，三步并作两步奔到我面前，急切地问我怎么啦。我指着鞋子里蠕动的小蜈蚣，眼瞪得溜圆，张着嘴却讲不出话来。想起小时候被毒蜈蚣咬到时，浑身又疼又痒好几天，直到脸肿成猪脸样的情景，我就浑身发抖瘫软得似一摊烂泥。平时看到别的虫子也没什么，可只要看到蜈蚣，就如同突然见到鬼一样，或是小走兽看到霸王龙一样，心里有一种分分钟被撕碎的恐惧感。

只见父亲弯下腰，轻轻地捡起鞋子里的那条小蜈蚣，一扬手将它扔出窗外，眼神中没有嘲笑，更没有责怪，一切都是那么自然。我刚才还咚咚乱跳的心脏此时平复了，不过有点小尴尬。幸好有爸爸呀。

爸爸又摇动着他肥胖的身子走到窗前，拿起水壶给那些花花草草浇水。我觉得我也是那花盆里的一棵小苗，而爸爸就是滋养我的养料，浇灌我的水分。他保护我，教育我，像修剪花草枝叶那样修正我的错误，不让我长歪。

有爸爸这座大山给我爱，我才会健康快乐地成长。感谢爸爸！

怀旧船长点评：在初学写作时，应当学会“以人喻物，以物喻人”的基本方法。这样，文章才会生动。如果就事写事、就人写人，无法形象对比，也不能加深读者的印象。本篇基本做到了这一点。

商贩爸爸

薛格鑫 女 12岁 籍贯河北保定

太阳散发出毒辣的光，像是随时要把人烤焦似的。这时候多数人都在家里乘凉，不愿意出来做事。只有我的爸爸还坚守在自己的工作岗位上。

我的爸爸有一张棱角分明的脸，总带着若有似无的淡淡微笑，很霸气的样子，精致的五官恰到好处地印在脸上，墨色的头发随意地垂在脸上，很有精气神。他的眼睛很美，炯炯有神的眼睛上方两道眉毛像是被雕刻工细心雕琢而成。薄薄的嘴唇微微抿着，透露出一丝倔强。

我爸爸不是什么大人物，他只是菜市场里一名批发牛羊肉的商贩，但我却觉得他是天底下最伟大的人。因为我老家在河北，河北的牛羊肉也是颇有盛名的。可能有的人会觉得市场的牛羊肉动不动就几十块钱一斤，商户肯定赚了很多钱。其实不是这样。赚不了多少钱不说，光是背后的那份辛苦，就没几个人能够吃得消。为了保证拿到最新鲜的牛肉，他每天早上四点就要起床，到固定的地方进货，然后再到四道口的一个市场卖出去。等到别人都买完菜回家做饭了，他才能关门下班。回到家通常都是晚上八九点了。一年四季没有一天休息日，更别说有节假日了。

有时候，我真的很心疼他，想替他分担，可我还小，也是有心无力。有一次，看着爸爸疲惫的脸，我问他累不累。他说很累，但他是我的靠山，为了让我们家过得好一些，再累他也要咬着牙坚持下去。我听得眼泪都快下来了。想起爸爸曾跟我说，哭是懦弱的表现，我又强行把眼泪给逼回了眼眶。

记得我小时候，有一次跟着爸爸在摊位上守摊儿，一个大惊雷吓得我哇哇大哭。爸爸把我抱起来，用粗糙的大手拂去我脸上的泪水，轻声安慰我说："不哭了，打雷怕什么，就是天塌下来，也会有爸爸帮你顶着。"

父爱，如山一样为我撑起一片世界。只要躲在这片充满爱的世界里，我们就不怕外面的风吹雨打。

怀旧船长点评：小作者刻画了一位普通劳动者的形象，读来真实、亲切，故事朴实、感人。中小学生写父母，往往把亲人形象拔高，实际上只要写出本真的内容，就是好文章。

最美丽的女人

耿巧慧 女 11岁 籍贯山东菏泽

我的母亲算不上美人，一张放到人堆里很难分辨的小脸上总是停留着几只“小蚂蚁”，不大不小的双眼下面已过早地刻上了几道细细的皱纹。薄薄的嘴唇一笑起来微微向上翘着，最好看的要数嘴角两边那对小小的酒窝。一笑起来，那酒窝能装得住一滴水。

母亲给予我的爱却是很多人没有体会过的。据说我还在母亲肚子里的时候就很不安分，总是让母亲吃不下睡不着，总是吃什么吐什么，把母亲搞得面黄肌瘦；稍微大一点的时候，就整天在母亲肚子里翻滚甚至拳打脚踢。害得母亲直到快生我的时候还是瘦得像一把柴，还因此落下了贫血的病根。

我在母亲肚里才六七个月大的时候，爷爷奶奶逼着母亲去医院做了胎儿性别鉴定。当得知我是个女孩儿时，爷爷奶奶认为生女孩子没有用，是在帮别人养孩子，就逼着母亲不要我。可孩子是母亲身上的一团肉啊，不管是男孩还是女孩，每一个母亲都会用心爱自己的孩子的。她不舍得打掉我，她用自己的勇气抗争，一定要留下我。爷爷他们就不高兴了，对母亲也更不好了。明明知道母亲因为我吃不下饭，身上没有力气，还让她干重活。据说有一次，母亲在干活的时候都晕倒了，但顾及我的健康，母亲拒绝打针吃药，一个人硬挺着。为了我，母亲算是吃尽了苦头。

在母亲的坚持下，我总算是捡回了一条小命。母亲顺利生下了我，但奶奶却不愿意照顾她坐月子。别人家都是生了小孩要给母亲吃好吃的，以便让母亲有更多的奶水喂养孩子，可我的母亲什么都没有，吃的是粗茶淡饭。月子里的她就要自己照顾自己，为此又落下了月子病，直到现在身体还没有完全恢复，一直体弱多病，更是劳累不得。

因为我，母亲过早地衰老了，但在我心里，不管她是年轻漂亮还是龙钟老妇，母亲都是最美丽的女人，因为她有一颗金子般的心。

如果说，母亲是湖，那我就是湖边的一株水草，母亲用甘泉般的乳汁滋养我成长。

怀旧船长点评：美丽，重在心灵，其次才是形象。本文围绕母亲“有一颗金子般的心”，用事实证明母亲的“美丽”在女儿心中是无法取代的。母亲顶住爷爷奶奶的压力也要坚持生下女儿，遭受冷遇甚至苛待，还为生下女儿变得体弱多病，容颜早衰。可这些都无妨女儿认定母亲是自己心中最美丽的女人。天下的母亲，谁又不是子女心中最美丽的女人呢？

无声的付出

魏忠阳 男 13岁 籍贯内蒙古开鲁

可能每一位家长都爱跟孩子讲自己年轻时候的故事，我爸也不例外。但他在讲的时候，语气中没有自得和骄傲，而是充满悔恨。

老爸说他小时候是个让家长头疼的孩子，整天打架斗殴，上学逃课，三天打鱼两天晒网。在他十八九岁的时候，还因为将人打伤被警察抓去拘留了好几天，最后爷爷奶奶给受害人赔了一大笔医药费才算了事。因为没有好好上学，在老家几乎混不下去。直到二十几岁时，他才有所醒悟，觉得不应该再像过去那样生活。他来到北京，一开始是在工地当小工，抬钢筋扛水泥，什么苦活累活都干过，有时候甚至会为下一顿饭吃什么而发愁。后来自己开了一家小店，但生意也不是很好。爸爸叫我不要学他，要好好读书，将来才会有出息。但我好像也遗传了爸爸身上爱打架的毛病，还是经常惹些麻烦回来。

有一次，经常在一起玩耍的一个小朋友骑来了一辆崭新的自行车。大家轮着骑，顺着胡同一人一个来回。轮到我时，我没忍住绕到胡同外面转了一个大圈子再回来，同伴们就说我耍赖皮。再次轮到我时，他们就直接跳过我给了下一个小伙伴，不让我骑。我很不服气，上前讲理，可有车的那个小朋友说车是他的，他愿意给谁骑就给谁骑。我俩因此打了起来，惊动了双方家长。回到家，我自知理亏，但爸爸并没有过多地责怪我。他叹了一口气之后，小声跟我说，等他攒下钱也给我买一辆。

从那天起，爸爸就早出晚归，回来时都是一身的土，一脸的疲惫。

爸爸扶着自行车站在阳光里，笑容比太阳还要明亮。

直到有一天，爸爸扛回来一辆自行车。他站在院子里把铃铛按得叮叮响，大声叫着我的名字。听着这清脆的声音，我放下手里的书本，冲到门外。爸爸扶着自行车站在阳光里，笑容比太阳还要明亮。来不及说谢谢，我跳上自行车就跑出院子，骑了一圈又一圈，直到天快黑了，才肯回家。自从有了新自行车，我恨不得晚上睡觉都把它搬到床上陪伴我。

一天晚上，我正做着骑车飞天的美梦，一阵咳嗽声传来，我从门缝里看到爸爸坐在床上，一边咳嗽一边用手捶打自己的腰。后来听妈妈说，爸爸为了赚钱给我买自行车，天天去工地背沙子，把腰累坏了。

听着爸爸的咳嗽，我对自己说，一定要好好学习，长大了挣好多钱，把爸爸的腰治好。

怀旧船长点评：本文写出了父爱的深沉。可贵之处在于小作者对材料的取舍十分恰当，对细节的描述也有动感。“写人必写物”。情感必须通过“物”才能表达得淋漓尽致，初学写作者请重视“人、物”的结合。

母爱不容践踏

李楠 男 12岁 籍贯江苏宿迁

母爱人人都有，但有些人却因为得来太容易而不知道珍惜，等到失去的时候才后悔。

有一个男孩叫小海，父亲在他小时候就去世了，留下母子俩相依为命。母亲为了养活小海，就找了一份在洗脚城修脚的工作。这工作虽然脏累，但可以养活小海。自从小海知道母亲靠给人修脚赚钱这件事之后，就觉得母亲的工作很丢人，让他在同学面前抬不起头来。

每天，母亲早早地起床给小海做好早饭，可小海却说，母亲做的饭有股怪味儿，他要拿钱到外面买着吃。

小海最怕别人问起他母亲的工作，更不愿意母亲到自己的学校来。有一次开家长会，老师要求每一位家长必须到场，可小海回家提都没提，更没有把学校的通知条给母亲看。当老师问起的时候，小海就撒谎说母亲出差了，不在家。直到晚上老师把电话打到母亲那里，告诉家长会的内容时，母亲才知道学校通知开家长会这件事。

回到家里，母亲假装问小海学校是不是要开家长会，小海冷冷地说没听说。母亲有点生气，问小海为何撒谎。见谎言被拆穿，小海不但没有半点悔意，他还告诉母亲，不通知她是因为觉得有一个天天捧着别人臭脚丫子闻的母亲，自己感觉很丢脸。母亲听后，眼泪在眼眶里直打转，她悄悄背转身，咽下泪水，无言地走开了。小海得胜似的冷哼一声。

班上流行轮滑鞋，看到有同学穿上之后一溜烟飘出去老远，再看看自己脚上那土不拉叽的回力鞋，小海更加讨厌自己的母亲。回到家，小海就告诉母亲学校要交钱买学习资料，母亲为难地说这两天刚交完半年的房租，手上暂时没有钱，晚两天发工资了再给。小海气哼哼地说没钱，那就不去上学了。

晚上，夜已经深了，小海早早地进入了梦乡，母亲却没有在固定的时间回家。直到第二天，小海才知道，下了晚班的母亲出去找人借钱，出了严重的交通事故。

看着没有一丝热气的家，小海的心像是被什么东西扎了一下。他冲向医院，看着昏迷未醒的母亲，眼泪从心里涌了出来，像海水一样，咸咸的，涩涩的。

母爱不容践踏！无论我们的母亲做什么，她都是我们的天！

怀旧船长点评：本篇作文贵在主题的定位。在写作文时，往往“题成一半文”，指确立了主题并有明确内涵后围绕主题或叙事或议论或抒情即可。在作文的三大要素“主题、结构、文采”中，主题是核心，亦即结构和文采可以稍弱，但主题必须明确，否则只能事倍功半，痛失得分。

第四辑　求学

求学，是青少年时期最重要的生活，也是人生的底座。

打工子弟求学，相对于正常入学的孩子们多了许多艰辛。但是，我们仍然从这些习作里看到了一缕缕阳光。

在布置这个题目的时候，有的同学眼含热泪，不愿将真实的求学经历讲出来，老师采取了折中的办法，让他们可以虚构。

在虚构的故事中，他们放飞想象，写出了那种翠竹拔节的力量，把自己的心声代入进去，寄托着美好的憧憬。故事是虚构的，但情感和心理是真实的。

在真实的故事中，他们尽量平复情绪，客观地讲述了自己的求学故事，节制、从容、乐观，表现出超越年龄段的成熟，让我们看到了一颗颗金子般的心。

求学记忆

黄抒涵 男 13 岁 籍贯安徽黄山

雷雨过后，天转晴了，路上的一摊积水反射着一串串晶莹的阳光。母亲拉着我走在这亮晶晶的路上。母亲还年轻，手上的伤口和皲裂非常少，但手指上的皱纹比较多。

走着走着，到了一所小学校里。我那时只有六岁，不认识门口牌子上写着什么东西。校园里面的环境很好，有一个很大的操场，旁边全是各种各样的大树。不知道走了多久的时间，我们到了一间大屋子。屋子里坐着一位三十来岁的青年。

母亲见到他后，嘴唇哆嗦着说："老师，这是我的儿子，我们是来报名的。"母亲说着，便指向我。青年把背靠在椅子上，脸上什么反应都没有。他看看我又看看母亲，像看怪物似的。

时间过去了半个小时，我坐在一把椅子上，发起呆来。

母亲身子向前倾，脸上的表情是说不出来的担心。青年依然是懒洋洋地靠在椅子上，动也不动。

母亲又开始说话："老师，您行行好，就收下我的孩子吧。"我虽然不知母亲为什么说这句话，也不知她为何带我来这里，但我还是很有兴趣地看着被母亲叫作"老师"的青年的脸。

青年跷起二郎腿，摆了摆手："回去等结果吧。"

屋子里恢复了寂静。外面的天气开始转阴，一阵风刮了过来，阵阵的寒意涌向我的身体。我向母亲身边挪了挪，似乎母亲可以给我温暖。树叶与树叶互相摩擦，发出奇怪的声响。

母亲和青年结束了对话，拉起我开始往外走。她一边走，一边抚摸我的头，很是疲惫地说："孩子，咱们明天继续找吧。"说着，母亲用双手轻轻捏了捏我的小肩膀。

我舒服地嘟囔了一句："老师不是让等结果吗？"

"唉……你不懂。在咱们这地方，让等结果就是没结果……"母亲无奈地叹了一口气。

回到家，母亲的眼角仍有泪水在打转。我并不知道这泪水的含义，在母亲身边撒起娇来。

也不知是什么时候，一封信投递到家里。母亲看了一下信封，手开始不停地抖，信掉在地上了。我捡起信，递给了母亲。母

路上的一摊积水反射着一串串晶莹的阳光，母亲拉着我走在这亮晶晶的路上。

亲把信打开时，手还在发抖。当母亲把信纸展开，她发抖的手开始缓解。当她读完信后，眼角流出了泪水。

第二天，我就上学去了。

随风逝去的，是疑惑，还是美好的回忆？

怀旧船长点评： 黄抒涵同学这篇关于求学的文章写得颇有意蕴，初显小说创作才华。看似普通的求学遭拒又峰回路转，实则蕴含了一个哲理：生活无法揣度，有的看似“善”的事物并不一定真善，有的看似“恶”的事物不一定真恶。具有创造力的作者，会从生活的细节中抓出常被人忽略的点，展现给读者，引发深思。

武林高手

李佳硕 男 12 岁 籍贯河北保定

黑云翻滚。乌鸦在树上惨叫，蝙蝠在空中巡逻。两位武林高手在枫林里对决。

站在东边的是一位中年男子。他握剑的手青筋突起，眼里是狼一般的凶狠，但嘴唇干白，像是覆盖了一层霜。苦练二十年，就是为了在这个阴沉的黄昏赢得胜利。

西边站着一位白发苍苍的老人，目光亮如寒星。他手中拿着一把精光锃亮的宝剑。一片枫叶飘飘悠悠，跌落在剑锋上，立刻断为两片。他是当世第一高手，从未败过。

中年人若在此战中胜出，他将名动天下，光宗耀祖。

两人先是对视，然后一声狮吼般的长啸，他们开始对战。剑影之外，片片叶子上下翻飞，整个树林被一种鲜艳的颜色笼罩。两位高手每向对方挪动一寸，长发都向后飘起，脚下腾起的灰土射向树干，古老的树皮上顿时有了一个个小洞。

剑锋相交，溅出火星。老人虽然须发飘飘，但从他那敏捷的步伐，一点也看不出有衰老的迹象。老人差点被中年男子刺中，但他只是一个回转身，就把中年男子给刺伤了。

舞动的枫叶一片一片落下，天地间又恢复了宁静。

老人看着冷汗滚滚而下的中年人，说：“如果想再战，我可以等你。”然后，他转身走出了枫林。

中年人不管伤口的血汩汩流出，他咬着牙，把手指深深插进泥土里。他发誓要习得最好的功夫，一雪今日之耻！

他卖了宝剑，徒步向嵩山进发。三个月后，他终于到了少林寺门前，但因七天七夜不吃不喝晕倒在寺庙门前。当他睁开眼时，发现自己躺在干草上。一个小和尚端了一碗粥，用一个雪白的勺子盛了一勺，吹凉后给他喂食。

中年人活了过来，一拳打向那个小和尚，不料竟像打在棉花上。中年人大惊，一个小和尚都如此厉害，看来自己来对了地方，就跪在小和尚面前，请求收他为徒。小和尚说自己做不了主，得问一下他师父。老和尚恰好在门外听到了他们的对话，说：佛门净地绝不收留一个杀气太重的人！说罢，像捉小鸡一样把他提了起来，扔出寺外。

大雪无边落下。中年人跪在门外，一直跪了三天三夜。第四天，他用最后的力气咬破中指，在雪地上写了个大大的“佛”字。老和尚走出门来，说要学真功夫，就得去掉杀气，好好磨性子。中年人哭着拜倒在地，决心吃苦受累，从扫地劈柴做起。

十年之间，中年人终于练成了绝世武功，连老和尚都不是他的对手。他辞别少林再次寻仇。

还是那片枫林，还是那个白发老人，还是秋风萧瑟。

战斗开始，中年人手中的木剑轻易地击飞了老人的宝剑，直刺他的心脏。老人吐了一口黑血，微笑等死。原来，这个天下第一高手已经得了绝症。

中年人扔掉木剑，一把抱住了他，把他背在背上，走向枫林深处的茅屋。从此以后，这片土地再也没有打斗，只有静坐修行的老人和洗衣做饭的中年人。他们成了朋友，犹如父子，直到老人安详去世。

仇恨、虚名与宽容、善良相比，简直不值一提。

怀旧船长点评：这篇武侠小说描写相当精彩，然而最可贵的仍然是点题。如果点题无新意，则流于一般。所以，青少年在创作时要学会“主题先行”，先思考好主题，再配备相应的情节。这样，文章协调统一，余味悠长。

考古学家奇遇记

郭奇 男 12 岁 籍贯河南信阳

伦敦半夜的钟声敲了又敲，火车站的火车冒出了滚滚浓烟。爱尔坐在火车座位上，他是考古爱好者，准备去拜访居住在意慈兰岛上的一位著名的考古学家，跟他学习考古知识。

火车经过七小时的长途跋涉到达了意慈兰岛。爱尔下了车，呼吸过岛上清凉的空气，他便信心满满地去找考古学家。

他边走边看两边的景象，但他的心里却一直紧张万分，因为他听说，那位考古学家脾气古怪得简直不像地球上的人类。爱尔走到了考古学家的房前，大大的风车立在房顶，红色的房顶与红色的地毯相呼应。他敲了敲门，但没有人回应，接着又推了推门，发现门是锁着的。爱尔只好垂头丧气地离开了房子。

第二天一早，爱尔又去考古学家的房前，情况如同昨天。爱尔想：考古学家去干什么了？不如我就等在他家房前，非要把他等出来不可。爱尔立马搭了个帐篷，住在了考古学家房前。一日复一日，爱尔每天除了与动物闹着玩，其余事情一件也没做。即使这样，那个考古学家也没有露面。爱尔等烦了，准备收拾东西回伦敦时，又忽然道：是不是考古学家去考古了？爱尔立马租了一辆车，奔向意慈兰岛上的克劳纳克最具有考古价值的白色巨石与巨石墓。

白色巨石坐落在一座美丽的小山丘上。当爱尔开车上山时，考古学家也上车去了巨石墓。爱尔一路狂追，当追到巨石墓时，他看见考古学家溜进了巨石墓。爱尔压根不知道里面有什么东西，就跟着进去了。

在里面，爱尔发现了一些宝藏。在他忙着欣赏宝藏时，门一下子关闭了。爱尔想：是谁关了门呢？一推门，发现门已经卡死在那儿了，爱尔有些沮丧，他后悔不应该到这里面。突然，门自己打开了，爱尔走了出去，但外面只有考古学家的车。爱尔向那车跑去，看见车里面没有一个人，他有些疑惑：为什么考古学家把车留在这儿呢？于是他仔细搜寻，发现车上有那箱墓里的宝藏，简直不敢相信考古学家是盗墓贼。突然，爱尔又听见了门被推开的声音，他扭过头去，看见了一个女人手里握着一把金匕首，爱尔吓呆了。

女人一步一步向爱尔逼去，爱尔也一步一步往后退。女人向前一步快跑，将匕首架在了爱尔脖子上。爱尔闭上眼睛，准备迎接死神的到来。他想，自己已经死了。

一阵温暖的炉火把爱尔热醒了，爱尔发觉自己躺在病床上。他伸手掐了自己一下，钻心地疼。爱尔立马坐起来，看见桌上有一把金匕首，匕首下有一张纸条。纸条上写着："我已经教会了你所有的考古方式。"爱尔的眼眶湿润了。

爱尔出院后，告诉朋友的第一句话就是："我是考古学家！我要感谢一个人！她的考验让我一生受益。"

怀旧船长点评：本篇故事一波三折，小作者基本会运用设计故事的方法，在构架上相当出色。同时，结局点出主旨：考古必先经受考验。因此，中小学生在学写故事时要先藏包袱再抖包袱，但要注意，不要过早抖包袱。这与说相声的技巧是一样的。

天梯

武嘉乐 男 12岁 籍贯河南濮阳

山，连绵不绝的群山，直插云天。一群十来岁的孩子坐在河滩的大石头上，手里拿着彩色的小石块在大石头上练习写字。

这是一个与世隔绝的偏远山区，这里至今未通公路，村里更是连电灯都还没有用上。随着外出打工人群的增加，村里只剩十来个没被父母带出去的孩子和一些老人。村里的学校早在几年前也被撤销了，留守在这儿的孩子便没有学上。

为了让孩子们上学，村长翻越几座大山，终于在大山后面的村庄找到了可以收留孩子们的学校。村长看到了希望，连忙回到村子里宣布孩子们可以上学的消息。但是从山脚绕到那个村子上学的路途太远，而且山里常有野兽出没，孩子们若是去上学，来回的路不但辛苦也极不安全。

翻到后山，倒是有一条近道，至少可以节省一半的时间。可这条道悬挂在悬崖峭壁上，被当地人叫作“天梯”。那是山里采草药的人在绝壁上凿出的，上面只有刚好可以放下一只成年人脚掌的小石阶。两边只有稀落地生长着的野草，攀爬的时候只能抓住那些野草一步一步往上爬。手抓的野草松动脱落或者脚底打滑，都可能使人掉下悬崖粉身碎骨。之前，村里人出入，宁愿绕半天的路，也不敢走这天梯的。

但孩子们听说有学上，早早地就洗干净了书包，到河里洗了澡，洗干净脸和头发。他们要干干净净地去上学。

村长召集留守的村民一起想办法。最后大家决定，在天梯两边再凿出石眼，打上木桩，绑上绳子当栏杆。孩子们上下梯子时扶着边上的绳索，这样安全系数就增加了。

说干就干，村长带领村民连夜动工，一边凿眼、钉木桩，一边绑绳子。一个星期之后，一条凝聚着村民智慧和汗水的木头绳梯就做好了。

如今，那个村子在政府的帮助下已经修通了进山的乡村公路，村民出入再也不需要翻山越岭。那个绳索天梯也完成了它的历史使命，不再作为人攀爬的工具。

但村民们不会忘记天梯曾带给他们的方便快捷，仍然守护更新着天梯上的木头和绳索。因为天梯承载着一代人的梦想和孩子们求学路上的回忆。

怀旧船长点评：此篇作文是我在课上简单做介绍后，嘉乐同学进而展开联想和想象独立完成的。当同学们遇到自己亲身经历无法解构规定题目时，就要采取“移情、移景”的方法，通过想象来补足内容的不足。鲁迅先生在谈创作时说：“所写的事迹，大抵有一点见过或者听过的缘由，但决不会用这事实，只是采取一端，加以改造，或者生发开去，到足以几乎完全发表我的意见为止。”诚为大师写作法典！

艰辛求学路

高宏硕 男 12 岁 籍贯山东德州

我出生在山东省的一个小村庄里，在那里上学非常艰辛，每天需要来回四趟，大概有四公里的路程。有时遇到下雨天，就更辛苦了，需要冒着风雨往家走，很不容易。但因为一个女人的到来，改变了我现在的一切。

那个女人刚来我家时，我感到很亲切，越靠近她，就像有一股暖流袭入我的身体。这是一种莫名的温暖，就像身体有了那屏障，增加了安全感。

晚上睡觉时，这个女人频来入梦，看着很熟悉，可是我嘴里面就是说不出来。看似她也有一种痛苦的感觉，刚开始很强烈，后来越来越弱，最后神奇地消失了。我想，应该是被她的温柔冲刷掉了吧。日子久了，我也渐渐有些喜欢她了。

一天，因为老师说今天是中秋节，所以提前三个小时放学。许多同学都非常开心，而我却只能自己孤独地走在街上。中秋是团圆的日子，可是我的爸爸妈妈……

回到家，我扑倒在床上痛哭，不知什么时候，我睡着了。一会儿，“吱”的一声，门开了。那个女人和爷爷在谈话，那个女人说她要把我带到北京去上学，而爷爷说的一句话让我热泪盈眶。没想到，那个女人是我妈妈。我冲出房门，对她喊出了三年来的第一声“妈妈”。

我们与亲人道过别后就出发了。妈妈在路上对我描绘了北京的各种好。可我到北京后遇到的第一件事——上学，就让我对妈妈在路上跟我的描绘起了疑心。妈妈带着我连续跑了很多所学校，可是都因为我是从农村来的孩子，没有他们要的各种证件而不接收我。妈妈为了这件事跟接待人员吵了好几架，经常把自己气得眼泪汪汪的，最后也不顶用。回到家，妈妈经常自己关在房间里哭，埋怨自己没有能力给我找个好学校。

终于，一个对我来说惊天动地的好消息：行知实验小学录取我了。我心情无比激动，心像一只活跃的兔子，都快要蹦出胸膛了。之后我去了行知学校参加入学考试。考试的时候，母亲想要把每一道题的答案都告诉我，却又无能为力。后来，我考上了。母亲那紧锁的眉头终于松弛下来，脸上露出了这几天来第一抹笑容，那笑容像一抹阳光，照耀着我。我成功了。

不是每一个人都能成功，但我相信，每一个坚持过自己梦想的人都一定会成功。

怀旧船长点评：本文不加雕饰，直接写出了自己作为打工子弟的艰辛求学路，具有广泛的代表性。然而在写作上，倘若不知剪裁和布局详略，亦不能成功表达。故在写作上仍然需要像此篇一样抓住“要点”，即紧扣“求学”这一主题，文章才捆扎得紧。

杨平学艺平山贼

纪金亮 男 13 岁 籍贯河北邯郸

太阳的光暖暖地照射在一家药材铺的院子里，一位父亲正在簸箩里翻晒着药材，不时抓起一把放到鼻子底下闻一闻，在小本子上记录着什么。

他发现好几样药材不够了，于是叫来他的儿子杨平去山上再采一些药回来。杨平背上背篓就出门了，这一走就是一星期。等杨平背着满满一筐药材回到家时，却发现他的父母被山贼捉到土匪窝里当药师去了。杨平恨透了无恶不作的山贼，但他知道仅凭自己现在的力量是救不出父母的。于是，他开始了自己的习武之路……

他四处打听，得知在一座大山上有一位十分了得的武术大师。他历尽千辛万苦，终于找到了这位大师。大师曾经是一位八十万禁军教头，十分厉害，只是现在他已经八十八岁高龄了，虽然身子骨没有什么大碍，但是他厌倦了打打杀杀的日子，不再传授任何人功夫。

杨平对大师讲述了家里遭受的不幸，以及父母生死不明的遭遇，请求大师传授他功夫。但大师对他置之不理，还把他赶了出去。杨平没有放弃，他不吃不喝地在门外站了三天三夜，大师被他的诚心感动了，决定收留他。

但是，考验并没有结束。大师只是每天让杨平吃饱喝足，一连几天都没有提及教他武功的事，也不见他。杨平耐不住了，他跑去问大师何时教他功夫。大师在地上画了一个圆，让杨平站在圆圈内接他三招，接得住就教，接不住就不教。开始，杨平接不下一招就出了圈，他为找不到接招的方法心里苦闷。

一天，他在一座山里发呆，发现一只猛虎和一只老鹰在打斗，他悟出了一个道理：大师就像老鹰，速度很快；而我就像猛虎，速度虽然没有老鹰快，但是力量却远远大于老鹰。想到这儿，杨平找到了接招的诀窍，最终接过了大师的三招，大师也没有食言，教给他功夫了。

杨平勤学苦练，不到三年，就学到了大师的所有本领。他依依不舍地拜别师父，回到了自己的家乡，找到了山贼。杨平以一敌百，胜过了山贼首领，救回了自己的父母。杨平还教导山贼重新做人，和山贼首领成了很好的朋友。

学艺是门艰苦活儿，只有不断地努力，才能锻造一身的好本领。

怀旧船长点评：这个故事如再拓展枝叶，就是一篇完整的励志小说。中小学生写故事，要注意“思想健康，积极向上”八字。这是语文教学大纲的要求，也是青少年成长的要求。从小学会以正能量鼓励别人，长大才会阳光积极。

兔兔侠

王梦云 女 13岁 籍贯河南周口

在一片茂密的森林里，阳光照在那一片片翠绿的树叶上，反射出油亮亮的光。几颗红艳艳的野生草莓，娇羞地藏在翠绿的叶片下面。绿叶中间的几朵小白花上，蝴蝶起起落落，不知跳的什么舞。

突然，一只兔子箭一般飞奔而去，它的身后甩落几滴泪水，蝴蝶们吓得赶紧躲在叶子下面。远处，一群小狐狸正在哈哈大笑，嘲笑着小兔子是笨蛋。小兔子跑回家，哭着跟妈妈讲了小狐狸们是如何嘲笑欺负自己的。小兔子说它想去上学，学本事，为兔子家族争口气。可是妈妈知道离开自己的保护，外面到处都是危险；学习更是一件十分辛苦的事，没有坚定的意志力，是学不成的。小兔子从来没有吃过什么苦，独自外出，妈妈不放心。小兔子没想到妈妈竟然也这么看不起自己，很伤心，同时更加坚定了去外面闯荡一番学习本事的决心。

小兔子偷偷地从家里跑了出来，它来到了一个美丽的地方，这里有好多动物。一只老狐狸看见小兔子傻头傻脑地站在路中间，小兔子肉嘟嘟的身体引得它口水直流。老狐狸伺机靠近，准备动手。这时，一只通体黑毛的老兔子突然冲出来，抓伤了老狐狸的眼睛，老狐狸疼得捂着眼睛逃跑了。老兔子告诉小兔子，这里虽然美丽，但是有好多坏人。小兔子对老兔子的功夫佩服得五体投地，想拜老兔子为师。虽然这只老兔子是黑兔家族里功夫最好、学识最渊博的，但因为上了年纪，耳聋眼花，所以很难教小兔子功夫。

然而小兔子没有放弃，不能学功夫，就跟着老兔子学点文化知识也行，它便留在老兔子身边，照顾起老兔子的生活起居。

一天，老兔子上山打柴的时候，脚底打滑摔下了山崖。幸好山崖下是一条河，老兔子没有死，只是受了重伤。不会游泳的小兔子拼尽全力救回了老兔子，老兔子被彻底感动了，决定将平生所学倾囊相授，不仅教小兔子如何练功，还教它如何运用智谋取胜。

没过两年，老兔子病死了。小兔子埋葬了老兔子之后，跪在老兔子的坟前，磕了几个响头便下山了。小兔子运用所学，在兔子家园设置了许多陷阱，狐狸、狼等天敌死的死，伤的伤，都不敢再来了。于是小兔子成了那片森林里小型动物的保护神，被森林王国代理国王大象封为“兔兔侠”。

学本事的确是件辛苦事，但一个人若要坚持自己的想法，不放弃，最后一定会成功。

怀旧船长点评：此篇让我想起了动画电影《疯狂动物城》里的小兔子朱迪的求学之路。青少年的成长必须经历艰辛和曲折，这与自然界的动植物的成长一理相通。当作文题目比较宽泛时，可以借物喻人。华语世界需要更多更好的、符合时代要求的童话作品。

维吾尔族的小孩上学好难啊

热依拉 女 12 岁 籍贯新疆沙雅

上学，对很多孩子来说是一件十分平常又容易的事。但也有孩子小小年纪便不能坐在课堂里听老师讲课，学习知识了。

我有一个好朋友，是我们维吾尔族人。她很善良，白白净净的脸上镶着两颗黑葡萄一样的眼睛，长长的睫毛向上翻翘着，一笑起来，那睫毛就呼扇呼扇地跳舞。

我们从小在一起玩儿，唱歌，跳舞。她不光舞跳得比我好，学习也比我好得多。我们曾经约定，将来还要一起上大学，到新疆以外的地方看看。没想到，就在我们小学快要毕业时，她妈妈又要给他们家生小孩了。为了让她帮着妈妈照顾即将出生的小妹妹（小弟弟），她爸爸就说上完小学不让她再继续上学了。她恳求爸爸，让自己继续上学，她可以每天带上年龄小一些的弟弟妹妹去学校照顾，放学回家可以多帮妈妈干活。可是她爸爸还是不同意，说女孩子家读那么多书没用。

她没有放弃希望，一直缠着爸爸，要求继续上学。可她爸爸说："你不要多说了，你看我们家加上你有五个孩子，弟弟妹妹都需要你帮着照顾。你妈妈又快要生了，你是老大，你不帮妈妈，谁帮？"她就生气地跟她爸爸说："我的梦想是上大学，家里生这么多孩子干什么用？不让上学，将来还走妈妈的老路，替别人生一堆孩子，我不愿意。”她爸爸没想到一个女孩子家竟然说出这种违逆的话，就怒吼着给了她一巴掌。她哭着冲出家门，挺着大肚的妈妈追出去好远才把她找回来。但她仍不妥协，坚称若不同意她继续上学，就不吃饭。她爸爸看她固执的样子，终于同意她继续上学了，但顶多上到高中。因为上大学的花费太大，家里供不起。不管怎样，我都为我朋友能够继续上学而高兴。

我们维吾尔族家的孩子求学真的好难呀。跟我的朋友相比，我还是幸运的，我要感谢我爸妈，能够支持我上学。

怀旧船长点评：热依拉同学是新疆维吾尔族女孩，刚开始学习作文时句子不通，很多汉字都不会写。然而经过刻苦学习之后，也能写出朴实动人的文章。本篇实录维吾尔族孩子上学难的现实，以亲身经历呼吁全社会重视基础教育，其赤诚之心令人感动。

她哭着冲出家门，妈妈追出去好远才把她找回来。

第五辑　节日

节日，是孩子们最喜欢的日子，铭刻着成长的记忆。

因为别离，愁绪频生，所以打工子弟们对节日的渴盼更为强烈。他们眼里的节日是欢乐的，因为这种欢乐太过稀少；他们眼里的节日是温暖的，因为这种温暖刻骨铭心。

对于打工子弟而言，无论在他乡漂泊，还是留守故乡，都希望通过节日的气氛淡化流浪迁徙过程中带来的苦痛和忧伤，如同渴望阳光扫除阴霾一样。

他们用手中的笔，记录了节日的点滴。读他们的作品，总感觉有一种力量让我们相信前程。

纸灯笼

万旭阳 女 12 岁 籍贯四川成都

一缕清新的阳光从窗帘未合拢处钻进来射在我的脸上。我皱了皱眉，从床上坐了起来，起身走到窗前拉开窗帘，舒服地伸了个懒腰，却无意中看见那楼下红红火火的装饰。

哦，元宵节到了。

拉开房门，看着没有一丝人烟的空房子，刚从被窝里带出来的热乎气儿一下子就消散了。走出房间环顾四周：门上、墙上都贴着大红色的漂亮“福”字。我却突然觉得这红是那么讨厌，那么刺眼。我想起妈妈唠叨的话，嘴角边浮现出一个僵硬却略带讽刺的笑容。

拉开冰箱门，一股酸臭和菜、肉混杂的“独特”气息刺激着我的鼻腔。肚子在咕咕叫，我却没有一点食欲。我拿出面包和牛奶草草吃点，打算一会儿到街上去寻找点人味儿。

街上与家里的气氛截然不同。小贩叫卖着各种玩意儿，打算趁春节期间最后再捞上一笔。小孩子们像蜜蜂一样挤在卖小玩意儿的摊子前，抓住爸爸妈妈的手吵着要买这买那。不知为何，看到这幅画面，我突然觉得鼻子发酸，索性转头向别处走去。

街上的行人三个一伙、五个一群地凑在一起说说笑笑，分享着趣事，讨论着节后的发财路子，哈哈大笑的声音在耳边回荡。来往的人们脸上都挂着欢悦温和的笑容，不管认不认识，擦身而过时都会相互点头问好。而我在这其中倒显得格格不入了。

一个人提着许多灯笼向我走来，声音温和得就像一杯温开水，轻轻地问我："小朋友，你要不要一个纸灯笼？不要钱的哦。"我看了他一会儿，微笑着接过一个纸灯笼，礼貌地鞠了一躬。

我看着手中的小纸灯笼，心里的灯突然也亮了起来，觉得之前的莫名难过根本就是自己给自己找事儿。抬头看，头顶的天空似乎比刚才又明亮了几分，也顺眼了几分。

我看着手中的小纸灯笼，心里的灯突然也亮了起来，觉得之前的莫名难过根本就是自己给自己找事儿。

虽然爸爸妈妈先回北京了，可他们此刻也应该在默默地挂念着我吧。

情绪这东西就是这么奇怪，有时，一个微笑也能散去心中的阴霾。

怀旧船长点评：移情于物，是很好的写作手法。本篇文字准确生动，情节曲折迂回，且能把情感寄托在小灯笼之上，赋予了“节日”崭新的内涵。情绪和变化完全结合心灵的冷暖，在这么短的篇幅中成功体现，足见小作者已能熟练驾驭短文，读来余味悠长，令人身心愉悦。

节 日

郭奇 男 12 岁 籍贯河南信阳

风吹动着大门上褪了色的灯笼，晃来晃去，大门两旁贴着去年的春联。大院里，昏暗的灯火照在地面上，把小水潭照亮了。

走进大厅，一张“三脚猫”的桌子呈现在眼前，桌子两旁是破旧的沙发。昏暗的灯旁飞蛾似乎飞腻了，停在灯上一动不动。走进内屋，床上落了厚厚的灰尘，让人不忍直视。寒风翻过墙壁，从纸糊的窗户里钻进来，开始追逐着灰尘。灰尘躲在人身上，与风玩起躲猫猫。走进厨房，锅里盛着腊肉，碗还在水池里。走出厨房，天空中的雪飘了下来。

走进侧房，炉子里似乎还有些火星，床上的被子并没有折叠。我想，应该是爷爷走得急没叠吧。我前脚往大门外一迈，又转头看这栋陪我度过了十个春节的老房子，想起去年的喜庆情景……

院子里，那猪的哼叫声与鸡鸣声组成了令人舒畅的曲子，钻进我的耳朵。随之，一股浓浓的家乡腌白菜味钻进我的鼻孔，鼻子顿时软了下来，好像被香味迷住了。抬头一看，天上墨黑的幕布上多了几个小白点，原来是雪。

走进大厅，一张破旧的桌子和两张沙发，让人温暖。坐在桌边，桌子上那一道道菜使人心醉。放进嘴里，那是别人做不出来的味道。团圆饭过后，爷爷领我到门口放烟花。那一发发烟花，像流星射入天空，使天空阴森的脸孔有了笑容，我拍着手望着爷爷大笑。再望天空，老天爷的表情一直在变化，在烟花的衬托下蓝蓝绿绿。走进院里，一条长龙似的鞭炮被绑在地上，爷爷点燃后，飞快地跑回来。鞭炮声使猪不停哼叫，鸡不停鸣叫，猫头鹰也被惊跑了。我捂着耳朵哈哈大笑，爷爷也哈哈大笑，笑声传遍整个村庄。

在我欢快地回忆时，一阵烟花声与鞭炮声吓了我一跳。我看向天空，唯独我家院子上空黑漆漆的，没有绚烂的烟花，地上也没有响起那长龙般的鞭炮声。

我把右脚伸出来，关上大铁门，回望院子，从门缝中隐隐约约看见爷爷坐在那里。我咬咬牙，头一扭，将眼泪甩了出去。我奔跑在田野里，仿佛看见爷爷消失在老天爷的冷酷里，饱含着对亲人思念的眼泪又下来了。

我抬头仰望天空，默默祈祷，希望下一个春节，我走进大门就可以看到爷爷那张饱经风霜、和蔼可亲的脸……

我从梦中抽离出来，坐上爸爸的汽车，行驶在乡村小路上。从后视镜回望那座老房子，看着它在逐渐变小。我头一歪，仿佛看到爷爷在向我挥手。我转过身，消失在冰雪里。我真想随着爷爷消失在那冰冷的风雪里，因为有爷爷的地方比人间的火炉还温暖……想到这儿，我的眼泪落到了车座上。

爷爷，希望下一年，你能坐在那温暖的院子里等着我。

怀旧船长点评：本篇情景交融，通过“去年春节”与“今年春节”的强烈对比，以情景变化映照心境变化，表达了对爷爷的思念。在写作文时，以环境变化映衬心理变化，比直接写亲情要高明得多。

中秋，像一条有力的臂弯，紧紧地把在外漂泊的我们团聚在一起。

中秋月桂图

陈若璇 女 13 岁 籍贯河北保定

“今夜月明人尽望，不知秋思落谁家。”每到八月十五日，我不禁就想起王建的这首诗，心中便莫名地涌入一种思乡之情。

中秋是一个亲人团圆的非常重要的日子。在我们家乡，甚至把中秋看得比春节这个节日更重要。在外忙事儿的人们，无论多忙也得在这一天赶回家来吃块月饼，吃顿团圆饭。

圆圆的月饼是团圆的最好象征。老家有句话：再穷也得吃上块月饼。在中秋，吃饼赏月也是惯有的习俗。一家人围坐在院子里，品着清茶，在月光的抚摸下细细品尝月饼：酥脆的皮、香甜的馅儿、诱人的色泽……一阵清风吹来，树叶沙沙作响，为这装满浓浓幸福的画面，平添一曲优雅的乐章。

邻家的桂花香，适时地沁入我的鼻孔，伴着这清冷的夜风，滴酒未沾的我们已经醉了。“玉颗珊珊下月轮，殿前拾得露华新。”皮日休的这首诗完美地演绎了一幅“中秋月桂图”的画面，用来形容此刻的心境也最恰当不过了。闻着这醉人的桂花香，品着香甜的月饼，在一片静谧中观赏独特的明月，月上摇曳的树影勾引得我有种想飞上月宫与嫦娥共舞一曲的冲动。

临睡前，爷爷总是要亲手捏个兔儿爷，捏好了再细细地涂上色，把它供在堂屋里。兔儿爷面前还要放一些瓜果，以感谢它给人间带来的吉祥和幸福。这一天，奶奶给我们讲的故事一定是与嫦娥、月亮、兔子有关的故事。虽然这些故事年年都在讲，但我们总是百听不厌。在这美好的神话故事中，我们带着甜甜的笑意安稳地进入甜美的梦乡……

中秋，是个给人带来幸福与欢乐的美好节日。它让人感受了家的温暖。中秋，像是一条有力的臂弯，紧紧地把在外漂泊的我们团聚在一起，让我们拥抱温馨。

中秋夜里熟睡的我，最不愿醒来。因为我担心醒来以后，溢满身心的温暖幸福会消失不见。

怀旧船长点评：本篇以画面取胜，描绘了一幅欢乐祥和的中秋图。小作者还两次引用了古诗，增强了文章的意境，并加入了自己的感觉和家人、邻人的素材，一下子就与“为写景而写景”的作文区别开来。

天使战胜了魔鬼

陈思雪 女 12岁 籍贯黑龙江齐齐哈尔

“当，当，当……”随着零点钟声的敲响，烟花在空中炸开的声音和地上的鞭炮声响成一片，我们迎来了春节这个“大人物”。

我们黑龙江人的春节，有我们自己的不同之处。当然，我们也像大家一样，最注重的是团圆。

今年的春节说好了在我们家过。虽然家里已经聚集了一屋子的人，但我还是感觉心里空空的。我的表姐看到我这样闷闷不乐的，就跑过来拍拍我的肩膀说：“小雪，赶紧去收压岁钱呀。”

数着怀里大大小小的红包，我的心似乎又有了点幸福的感觉。难道，我只是因为没收到压岁钱才感到空空的吗？现在收了这么多压岁钱，怎么还是感觉少点什么呢？我又数了数已经在座的亲人，确认一下还有谁没来。其实我一直都知道缺谁的，只是装作不在意的样子。我想从脑袋里赶走那两个字，强迫自己转移思绪。我大声跟妈妈说：“二姨姥和二舅为什么还没来？”妈妈让我挨个儿打电话问问。打完电话我才知道，二姨姥她正在医院住院，来不了；二舅去外地了，三天之后回来。刚被压下去的那两个字又出现在我脑中，赶都赶不走。我默念着心里那个闭着眼睛都能写出的手机号码，拨了两个数字又放下，再拨两个数字又放下了。我左耳朵边有一个魔鬼的声音在说:“不要打,他把你和妈妈害得那么惨!”右耳朵边有一个天使说:“打吧,他是你的爸爸呀!”最终，天使战胜了魔鬼，我打了那个电话。爸爸来了，来跟我们一起过春节了。

我们一家在一起过了个美好的春节……

爸爸说要带我和妈妈一起去游乐场，去采摘。可是，妈妈说她身体不舒服不想去，我就和爸爸一起去了。我知道，妈妈身体没有不舒服，但我理解妈妈，因为他们离婚了。

这个春节，爸爸带着我去了好多好玩的地方，吃了好多好多好吃的。最有趣的是，在一个饭店里，从厨房里跑出来的一只鸭子和一个举着菜刀的胖厨师在绕着桌子玩追赶游戏，我抱着爸爸的胳膊笑得眼泪都出来了。

有爸爸的春节，每一天心都被幸福填得满满的。

怀旧船长点评: 写这篇作文以前，陈思雪同学对父母离婚讳莫如深,以为是耻辱,表现出对父亲的恨。我在课上告诉孩子们:离婚是父母的事，与孩子无关，作为子女不应背上沉重的心理负担,且要认识到父母虽已离婚,但对于自己而言亲情无法变更。思雪经过很长一段时间的调整，写出了本篇作文。本文的看点不是文采也非结构，而是父女之间冰墙的融化。据说她的父亲看到此文时痛哭失声。由此可见，文章的功用真是无限大啊。

六一儿童节

邓晨曦 女 11岁 籍贯河北沧州

丁零零，闹钟又顽皮地跳了起来。可是，我实在是太困了，就像一头懒惰的小猪，睡一辈子也睡不够似的。可闹钟仍然不依不饶地叫，越叫越大声，好像只要我不起床，它就会一直吵，直到把房子摇垮下来才算数。

面对这个不依不饶的闹钟，我简直烦死了，只好不情愿地爬起来。本想把它摁掉再睡一会儿，一看表，已经七点十五了。妈妈呀，吓死宝宝了！比平时整整晚起了十五分钟。我立马以光的速度冲到卫生间洗脸刷牙，幸亏我留的是短发。早饭是顾不上吃了，我抓起书包就朝学校跑。

一出门，门外的景象更是让我心急火燎：太阳已高挂在天空中，路上行人匆匆，好多人竟打起了伞。我顾不上擦汗继续赶路。还好，路上一切顺利。我刚冲进校门，门口的保安大叔就拿着钥匙把大门锁上了。

同学们今天都穿着漂亮的衣服，红领巾洗得干干净净，有的女生还穿上了漂亮的裙子，头上戴着特别的蝴蝶结。她们三三两两地聚在一起，发出银铃般美妙的笑声。看到我，她们停止了交谈，怪怪地看着我。我抓了抓乱糟糟的头发，没搞明白哪里有不对，继续朝教室走。旗杆那儿，好几个老师正在搭舞台。教室门口的房檐下拉着好多彩旗，班主任正蹬在梯子上挂横幅，上面写着：热烈庆贺六一国际儿童节！

天哪，今天是儿童节呀！我终于想起来了，难怪呢！我拉拉自己身上皱巴巴的校服，无奈地叹了一口气。

不一会儿，班长带领我们搬着凳子，喊着响亮的口号整齐地走到操场。其他班同学也在班长的带领下按照事先画好的线，坐在了指定的位置上。

很快响起了音乐，演出正式开始。先是校长讲话，接着是各班表演节目，唱歌的、跳舞的、说相声的、朗诵的……我们坐在台下，欣赏着台上同学们的表演，掌声和笑声响彻整个校园。

就这样，我顶着一个乱糟糟的鸡窝头度过了开心又特别的儿童节。

但我要告诉自己，我是美女加淑女，以后可不能再睡懒觉出糗了！

怀旧船长点评：本文写法常规，但以“因睡懒觉差点出糗”贯穿全文，也算有了些许新意。故作文的“新”，也可表现为写作角度的“新”。

在北京过春节

宋宇欣 女 12 岁 籍贯黑龙江牡丹江

头一次在远离家乡的北京过春节，我才明白亲情的重要，家人团圆的美好。

大年三十那天，我们家做了丰盛的晚餐。跟老家过年一样，鸡鸭鱼肉该有的全都有了。看着这一桌子热气腾腾的饭菜，我却没有一丁点食欲，总觉得心里空空的，鼻子里酸酸的。饭菜的浓香穿透我的鼻子，也无法冲淡心里的失落感。屋外既没有鞭炮的巨响，也没有老家那种似乎要冲破屋顶的喧闹乡音。我夹起一块肉放进嘴里，也没有尝到往日的那种美味。爸爸和妈妈话也变得比平时少了很多，空气里凝聚着沉闷。爸爸想打破沉默，讲了一个笑话，我们却没有一个人笑出来。我想他们应该和我有同样的心情吧。

冰冷从门口蔓延到家里，直直地穿透我全身。就这样僵持很久很久，我再也受不了了，放下碗筷，走出了家门。

我静静地站在门外，看着天空中闪烁的几颗星星。周围黑黑的，月亮被高大的建筑遮盖得严严实实，透不出一点光，月亮也会跟我一样寂寞吗？

街道上没有一点脚步声。微弱的灯光下，几只瘦猫在垃圾旁寻食。那时，我真想哭，可又哭不出来。我仿佛看到了老家一大家子人聚在一起热热闹闹吃团圆饭的场景：屋外飘飞的雪花，五彩的烟花和噼噼啪啪的鞭炮声，孩子们的欢笑声，观看相声小品的哈哈大笑声，走家串户拜年的亲切问候……

我眨眨眼睛晃晃头，从幻想中回过神来，看着街道，黑黑的世界，在北京打拼的外地人都在节前赶回老家过年了，只有我家在亮着光。风吹过来，只能感觉到身上干冷干冷的。随风飘飞的垃圾袋刚落下，又接着飞起来，最后掉到路边的臭水沟里。妈妈慢慢地走了过来，带着忧伤的语调说："走，咱们给家里打个电话吧！"我默默地点了点头。

打电话的时候，我们只说了几句话，但我却觉得家乡的年味儿已经顺着电话线溜了过来，心里暖和了许多。我想写一封信，让它带着我的思念，带着我们全家的悲伤，飞向我的老家，飞到我的亲人们身边……

怀旧船长点评：本篇写出了打工子弟在异乡过年的真实感受，在结合环境映照心境方面做得比较出色。写一篇记录节日感觉的作文是容易的，但写一篇环境与心境对应的作文就不容易。

古尔邦节

热依拉 女 12岁 籍贯新疆沙雅

我们维吾尔族人每年都有好多隆重又盛大的节日，像开斋节、古尔邦节、圣纪节。其中最热闹的要数每年九月的古尔邦节。

古尔邦节是伊斯兰教历的新年，相当于汉族人的春节。不过跟汉民族的春节相比，我们维吾尔族人的古尔邦节的来历更具传奇色彩。

传说先知易卜拉欣有一天夜里做了一个可怕的梦。他梦见真主安拉命令自己用不满两周岁的独生儿子伊斯玛仪作祭物，以考验他对真主的虔诚程度。易卜拉欣看着坐在妈妈怀里正嘟着小嘴伸手要自己抱抱的儿子，他的心像被钝刀在割一样，眼泪喷涌而出，瞬间就迷住了眼睛。作为一个父亲和一名虔诚的教民，易卜拉欣疼爱自己的儿子，但又不能违背真主的命令。他接过儿子，亲手为他换上干净的礼服，戴上新做的白色小礼帽，紧紧地将儿子搂在怀里，流着眼泪在儿子额头上轻轻一吻，他再也不忍心看一眼儿子那张粉嫩的小脸。

当易卜拉欣把儿子放在祭台上，命令手下执行安拉的命令，举刀欲杀儿子的一瞬间，奇怪的事情发生了，跪在祭台上的儿子突然变成了一只羊。原来安拉已经看到了易卜拉欣对自己的虔诚，他便派使者牵来一只羊代替了小小的人命。于是，每年的这一天，伊斯兰教的教徒们都要举行盛大的仪式，纪念为人类奉献生命的羊，感谢真主赏赐给人们的幸福生活。

这一天，全世界信仰伊斯兰教的人不管多忙，都要放下手中的活儿，聚在一起举行盛大的庆祝活动。早上九点，家里凡是十二岁以上的男子都要穿上洗得干干净净的礼服，戴上雪白的礼帽到当地的清真大寺做礼拜。所有人齐刷刷地跪倒在大殿里，匍匐在地倾听阿訇诵念经文，告诫穆民莫忘先祖的恩德。

男人们去清真寺做礼拜，女人们在家也不闲着。妈妈们会将由阿訇诵经之后宰杀的牛羊肉分成三份，一份做成美食供家人食用，一份赠送亲友，一份施舍给穷人。女孩子们也会在这一天穿上最漂亮的衣服，盖上鲜艳的头巾，帮妈妈做好吃的，照顾来家里串门的亲友或者陪着爸爸妈妈去亲戚家拜节。

古尔邦节，一个让人感恩的节日。从节日里，我们学会了感恩生活，感恩父母。

怀旧船长点评：作文的“新”还体现在内容的“新”上。热依拉讲述了信仰伊斯兰教的维吾尔族同胞过“古尔邦节”的生活传统，在一群汉族同学的节日作文中，让人耳目一新。作文就是要写出与别人不一样的内容，才能避免千篇一律。

欢乐除夕夜

寇晓雨 女 11岁 籍贯四川彭州

中国的传统节日有很多，但我最喜欢的还是除夕。

时间过得很快，每年放了寒假，转眼间就是除夕了。在我们老家，刚进入腊月人们就开始忙着准备过年的事儿了。

俗话说：有钱没钱，杀猪过年。到了腊月，村民们就要把养了一年的肥猪宰掉，熏腊肉、灌腊肠准备过年。妈妈们要在腊月里拣个好天气拆洗被子。到了腊月二十三，家家都要大扫除，到晚上家庭主妇们会点上香烛，放上供果，给辛苦一年的灶神也放几天假，把它们送到天上去跟其他神仙团聚。

到除夕这一天，家家户户从一早起来就开始做年菜，村子里到处是酒肉的香味。男女老少都穿起了新衣。每家每户门上都贴上了红红的对联，大街小巷到处都是传统的中国红，一片喜庆的气氛。天刚黑，一家人就围坐在一起吃团圆饭。这一天，在外边做事的人，不管多忙，除非万不得已，都必须回家吃团圆饭。除夕夜家家都要灯火通宵，不能间断，好让来年延续往年的红火。鞭炮声整夜不绝，不让叫“年”的怪兽来侵扰。

我们家乡有守岁的习俗，这一夜，除了很小的小孩，一般是不能早睡觉的，都必须跟着守岁，通常要守过零点，送走旧年，迎接新年。守岁有两个目的：岁数大的老人守岁有留住光阴的意思，年轻人守岁是为了给父母延寿。在守岁的时候当然少不了玩耍娱乐，大人们一般聚在一起吹吹牛，打打麻将；我们这么大的小孩子就玩竹蜻蜓，竹蜻蜓像一架小飞机，小巧玲珑，可以自由地在空中飞来飞去，有时还能在空中停留不动，它的技术真是让人惊叹不已，难怪有人叫它空中小霸王。守岁过程中更少不了吃，一般到零点时我们会吃点饺子，再吃一点腊八蒜。

天刚麻麻亮，我们就要早起，给爷爷奶奶、阿公阿婆拜年。拜年的时候，叔叔婶婶会在一边起哄，逗我们说，拜年不是嘴上说哟，拜年是要磕头的哟，不磕头可没有压岁钱呢。一听有压岁钱，扑通一声跪倒一大片，齐声祝福爷爷奶奶身体健康，寿比南山。此时，爷爷奶奶叔叔婶婶们就笑得合不拢嘴。我们拿到压岁钱了，赶紧拆开把里面的钱抽出来数得哗哗响，接着再开往下一家。

除夕，一年只有一次，但我希望每天都跟除夕一样开心、快乐。我喜欢除夕，喜欢它的开心和欢笑，更喜欢一家人的相聚团圆。

怀旧船长点评：本篇写出了中国广大农村过传统节日的盛况，小作者将所见所闻写得很生动。当角度、素材、立意不占优时，就要在内容上下功夫，也可使平常的事件变得趣味盎然。

异乡的春节

卜令全 男 12 岁 籍贯山东临沂

老家有句土话:“有钱没钱，回家过年”。我们家不是这样，要是不忙就赶回老家过年，要是忙不过来就不回去了。自从我跟着爸妈到了北京，就没有回老家过过年，但家乡的年深深地印刻在我心里。

一到晚上，五颜六色的烟花一齐飞上天空，把乡村的夜空装扮得红红绿绿，家家户户屋檐下都挂着一盏大红色的灯笼。门上贴着写有吉祥话的春联。走在街上，熟悉的不熟悉的人都会互相打招呼，说声:过年好!

不能回老家，我们就聚到三舅家过年。虽然没有家里尽兴，但是也算开心的。

我们一般都在大年三十下午去三舅家，因为上午爸妈的小铺还很忙。到了下午，我就穿上妈妈给我买的新衣服、新鞋子，再出去洗个澡，理个发，打扮干净利落才去。

在北京过年，我们老家的民俗是不会忘的，好多礼节都是按照老家的做。

吃，可能是全国各地都少不了的重头戏。到了三舅家，舅妈早就将各种肉食蔬菜准备了满满一厨房，只等开炒。妈妈一到，就去厨房帮忙准备包饺子的馅儿，和面准备饺子皮儿，老爷们儿们则坐在一起喝茶侃大山。因为北京不让随便放烟花爆竹，所以我们这些小孩子除了看看电视就是无聊。春晚年年都差不多，除了唱唱跳跳也没什么好看的，我只好跑到厨房帮妈妈她们一起准备饺子。

好不容易等到开饭，一桌子的大鱼大肉。可不知道为什么，夹起一只平时我最爱吃的大虾，却没有吃出想象中的味道。

对小孩子来说，最有意思的，还是吃完饭大人们给发红包的环节。妈妈将事先准备好的红包给了舅舅家的妹妹，舅妈也给我准备了红包；妈妈又给哥哥的儿子一个红包，哥哥也给我一个红包……简直就是红包满天飞。回家一数，有一千多块呢，我今年的“收成”真不赖。

吃饺子也是很有意思的环节。过年的饺子跟平时大不相同，用的馅儿五花八门。有包菜的，有包肉的，有包糖果巧克力的，最有意思的是包钱的——把硬币洗干净放在肉馅里一起包，一般只包一两个。据说，谁吃到了，谁今年就会有好运降临。我希望自己有好运气，吃得飞快，可是直到把肚子撑得走不动，我也没有吃出一个包有钱的饺子来，心里难免有点小失落。

时间过得飞快，就在这每天的吃吃喝喝中，年就过去了。虽然过得也很开心，但跟老家比，还是少了些年味儿。

怀旧船长点评：在异乡过春节，虽然仍按老家的风俗来，但在小作者心里还是“少了些年味儿”。这就是中国人流淌在血液里的乡土情结。所有的铺陈都是为了说明这个意思。

节日，快乐就好

吕鹏飞 男 12 岁 籍贯河南濮阳

雪纷纷扬扬地从天而降，一会儿工夫就刷白了整条大街和街边上青色的房顶。

对面街边那家卖糕点的店铺橱窗里，有一棵两米来高的松柏树，树身上缠着好多红红绿绿的彩灯。旁边一个白胡子老头儿满脸笑容，头上戴着一顶红色与白色相间的尖顶帽子，身上穿着大红色的外套，脚上一双黑色的靴子，肩膀上还搭着一个大袋子，好像正往树上挂一些卡片和金灿灿的礼品。

我坐在房子里，听着风呼呼地狂叫，一下下拍打着窗子，看着那棵彩色树上一明一灭的灯，想起妈妈讲的圣诞老人送礼物的故事。

据说，圣诞节的前夜，往床头挂上一只袜子，再闭上眼睛许上一个心愿，早上起来，袜子里就会装着愿望里想要的东西。

我赶紧翻箱倒柜找出一只还没有穿过的干净袜子，挂在床头。我想，我得看看圣诞老人到底长啥样，是不是跟对面橱窗里的白胡子老头儿长得完全一样。我躺在床上，闭上眼睛。一想到今晚就能见到真正的圣诞老人，我就忍不住内心的激动。

不料，我刚躺在床上一会儿就睡着了。一觉醒来，天已经大亮了。我赶紧摸摸床头的袜子，里面空空的，看来圣诞老人没有收到我的许愿，也没来我家。我慢腾腾地拿起衣服，准备往身上套，突然发现我的衣服口袋里有什么东西。我翻开一看，是一块巧克力。我尝了一口，香甜软滑，真是一种说不出的美妙，就像和好朋友在一起分食好东西的美好时光。我穿上衣服就跑了出去，看到好多人都在装扮圣诞树，我央求妈妈给我也买了一棵小圣诞树。

我把圣诞树放在我家客厅里，打开配件盒子，里面有各色的糖果、小玩具和小饰品，我小心地一件件往树枝上挂。跟对面橱窗里的大圣诞树比，就是缺少彩灯，因为我的圣诞树实在太小了，不过看起来还是挺漂亮的。

圣诞节虽然是外国人的节日，但欢乐有趣，还能收到意想不到的礼物。总有人喊着要抑制洋节，不知道他们是怎么想的。我觉得快乐就好，干吗非得分中国的外国的呢?

怀旧船长点评：本篇在立意上有创新，脱离了只写节日本身或拿中外节日比较的套路，提出了新的观点：节日，是为了感受那种欢乐的气氛。在写作文时，提炼新颖的主题永远是第一位的。

家乡的春节

郑梦婷 女 11岁 籍贯河南周口

眼看着春天又要把冬天给挤走了。春节要来了，盼望已久的年离我们越来越近。

我家乡的春节一直都挺隆重的，从腊月初九开始，街上卖各种年货小玩意儿的商贩一下子就多起来了。大街上搭着专门卖烟花爆竹的棚子，那些花花绿绿的烟花爆竹对小孩子们最具吸引力。我们家每年都会买很多年货，不光是家里吃的穿的，还有走亲戚用的也要买，走亲戚可不能空着手上门。腊月二十三要过小年，家家户户在这一天都要把家里彻底地清扫一遍。到了晚上要放鞭炮，放烟花。烟花拼尽全力冲上天空，从绽放到生命结束，虽然只有几秒，但它们把自己最美的一面献给了人们。我想它们会因为自己的价值得到体现而感到快乐。

春节家家都买很多糖果，走到哪家都会先给抓上一把。不过可得记住管住点嘴，小孩子不可以吃太多糖，小心你的牙齿被牙虫霸占了。

除夕这天家家都很热闹，女人们从早上就忙着做年菜，到处是酒肉的香味。男女老少穿起新衣，门外贴着红红的对联，屋里贴上各种年画。到晚上，鞭炮声像魔鬼咆哮一样一直要闹到凌晨三四点钟。在外面工作的人，不管身在何处，必定要在这一天赶回来吃顿团圆饭。这一夜，除了小孩子，大人们都要守岁，为家中年长的人添福增寿。

我们当地人大年夜也吃饺子，同时也要吃面条。吃面条和饺子，意思就是期盼来年挣大钱，挣回一串一串的金钱。

过年还要去买一些金银纸叠成一捧一捧的元宝，烧给过世的亲人。现在大街上有卖跟真钱一样的假钱，叫“冥币”，印有彩色的花纹，一捆一捆的。烧在亲人坟前，让生活在另一个世界的亲人过上一个好年。

过年还要放孔明灯。在纸条上写上自己的心愿，放进灯罩里一起放飞。好多人都买孔明灯，但我觉得还是不要放，万一点燃了大树和房子，怎么办呢？没烧完的灯落到地上，又增加了垃圾，破坏环境。

老家还有一个更特别的习俗，可能好多人都没有听说过，就是大年夜门前必须要摆根棍子，以免不祥之物进到家里来。

每一年都是这样，夏天把春天赶跑，秋天把夏天赶跑，冬天把秋天赶跑，春天又着急地把冬天给赶跑，然后，好玩又有趣的春节就来了，我们也在季节们的比赛中一天天长大了。

怀旧船长点评：本篇仍然新意无多，幸好在描述上写得较为生动。中小学生作文中容易犯“摊大饼”的毛病，就是事无巨细平铺直叙。解决这个问题，需要抓住最具特色的往深里写，其余的素材只是作为陪衬。若能主次分明，作文当脱离陈旧的套路而摇曳生姿。

第六辑　感动

那一刻，我们激情澎湃；那一刻，我们泪流满面。

生活中如果缺少感动，日子就没有色彩。

打工子弟们因过早经历了人生的风霜，他们的感动往往凝聚在某一时刻，他们的感悟往往更为深邃。

看到的，听到的，经历的，都成为他们信手拈来的创作素材。我手写我心，我心有明月。这是孩子们心底的声音。它不是洪钟大吕，也无关壮志豪情，却通过细微的捕捉让我们感知叙述之美、人心之美、自然之美、真情之美。

真正的成长，不仅仅是身体和学识上的增长，更重要的是心灵的发现。

感　动

高幸福　男　12 岁　籍贯河南信阳

坐在屋檐下，听着雨点击打树叶的沙沙声，咀嚼着爸爸刚从河里钓回来，奶奶亲手做成的干炸小河鱼。那炸得焦黄的鱼皮裹着雪白鲜嫩的鱼肉，舌头轻轻一卷，酥脆的鲜香便溢满了口腔。

雨终于停了，一道彩虹架在两座青山之间，亮丽夺目。院子里的几株菊花开得正艳，几只小蜜蜂站在花蕊里刷着花粉，花朵微微颤动，那吊在花瓣上的水珠被震得微微弹起，“啪”的一声跌碎在泥土中。享受着乡村雨后的宁静，我真舍不得走。

爸爸开来了他那辆破旧的“三蹦子”停在院门外。雨后的山村已经有了凉意，我提醒爸爸加件衣服，可爸爸大笑着说，就他那一身的肥肉，不冷。刚跟妈妈坐进车厢里，见奶奶拖着两条老寒腿小跑着向我奔来，缀了补丁的蓝色围裙里是两块她昨晚没舍得吃的月饼。她颤巍巍地扶着三轮车，将包在纸里的月饼放进我背包后面的小口袋。我正要摸出来还给奶奶，妈妈摁住了我的手。

奶奶站在大门口，扶着破旧的土墙跟我告别，脸上挂着笑，那已经不再明亮的眼睛变得更加迷蒙。我的眼睛也变得跟奶奶的一样迷蒙。

来到火车站，卖东西的小贩推着小车在蜂拥的人群中吆喝着穿梭。离开车还有几分钟，我和妈妈放好行李又下来陪爸爸说会儿话。爸爸忽然像想起什么似的，一转身晃动着肥胖的身子向远处走去。不一会儿，爸爸拎着一个被撑得鼓鼓的、薄薄的透明塑料袋回来了，里面是一兜橘子。就在爸爸将橘子递给我的时候，装橘子的塑料袋突然破了，橘子们蹦跳着滚到了站台下。

爸爸二话没说，身子贴着地面翻下站台，拾起了橘子。可他那又矮又胖的身子却怎么也爬不上来了。他用一只手帮着抬起一条腿，想借助手的力量把一条腿放上站台后再翻身上来，但还是差那么一点点。他放弃了这个办法，把全身的力气集中在双手上，踮起脚尖，向上一跳，将整个上半身卧倒在地上，抬起双腿使劲一滚，终于爬上了站台。他用沾满灰尘的大手挥去脸上的汗珠，嘱咐我一会儿把橘子洗洗再剥了吃。

车开动了，看着老爸滚满灰尘的肚子，我的眼泪涌了出来……

怀旧船长点评：本篇通过具体的细节写父爱，虽与朱自清的《背影》有类似之处，但小作者投入深情，写得情真意切。中小学生在练习写作时，可以学习借鉴名篇，不过终归要有自己的感悟。唯有发自心底的文字，方能打动读者。

悬崖大树

陈翔 男 12岁 籍贯河南信阳

“啪”的一声，一颗树种随着小鸟的一坨粪便落在悬崖边上。

小种子只觉得眼前一片模糊。它不知道究竟又发生了什么。只记得自己挣脱妈妈的怀抱想自己玩一会儿，结果刚跳到地上，就被一个尖尖的夹子夹起送入一条漆黑的通道，随后被一些黏液缠住，经历几个翻滚之后它就失去了知觉。

刚才这一摔，把小种子摔醒了。它抬手擦掉被黏住的双眼，眼前光溜溜的万丈绝壁使它感到一阵眩晕。它知道，自己正面临着一道决定生死的坎儿。

太阳渐渐升起，阳光照在石壁上，石壁的温度一点点升高。一会儿工夫就把小种子的皮肤烫得通红。它干渴的嗓子冒出阵阵青烟，仿佛自己都闻到了焦煳味。得赶紧找个阴凉的地方先躲躲，小种子心想。小种子刚挪动脚步，紧跟着脚下一滑。好险，差点就掉下去了。眼前光滑如镜的绝壁使它心里刚燃起的一点火花“噗”的一声又熄灭了。热浪一阵接一阵袭来，使小种子头晕眼花站立不稳，恍惚中差点又跌下悬崖。反正是一个死，倒不如拼一把，小种子把心一横。

小种子牢牢抓住凸起的石块，身子悬空，一点点挪动身体。

终于，它挪到了一道小石缝里，缝隙里湿软的泥土散发出丝丝水汽。小种子张大嘴巴吸了几口湿润的空气，躺在泥土上睡了过去。

睡梦中，一阵炸弹爆裂般的巨响伴随着汩汩的雨水灌进石缝。雨水横冲直撞地将石缝扫荡一番，裹挟着浑浊的泥沙破开洞口，顺着石壁倾泻而下。小种子身子被泡在水里，刺骨的疼痛刀割般划过它的身体。它死命抓紧石壁，血顺着被割破的手指涌了出来，将身下的水洼染得通红。

雨一直下了一天一夜，总算停了下来。漆黑的山崖伸手不见五指，偶尔一两道蓝色光弧划破天际，将绝壁照得透亮。崖下却漆黑幽深，像张着血盆大口的怪兽，诡异地舔着长舌头。小种子打了一个寒噤，它吓得闭上了眼睛。紧贴石壁的小种子只觉得自己浑身鼓胀酸麻，想活动活动身体，可脚底下像坠了一块巨石动弹不得。小种子低头一看，吓了一大跳：不知什么时候，自己脚下竟然长出了长长的根须，已经深深插入石缝中。它知道，自己战胜了挫折，又经历了一次生死。

春夏秋冬四季轮回，日晒雨淋风霜雨雪轮番上阵，小种子历尽艰辛和苦难，但它从未想过放弃，并且越战越勇。它相信自己一定能够打赢人生这一场场的恶仗。

几十年过去了，小种子从一颗小芽长成了一棵小树，又从一棵小树长成了一棵大树。这期间吃了多少苦，历了多少难，只有小种子自己知道，但它庆幸都挺过来了。

挫折，是成长路上一次又一次的战斗，只有拼命朝前冲，你才能看到胜利的曙光。

怀旧船长点评：本文虽是虚构，但极为考验作者的想象力和描绘能力。只要赋予天地万物以情感，文章必然内容充实、情感真挚。写物时，赋予物以人的情感和思想，同样可以写得血肉饱满。

春夏秋冬四季轮回，日晒雨淋风霜雨雪轮番上阵，小种子历尽艰辛和苦难，但它从未想过放弃，并且越战越勇。

我的保护神走了

孙悦悦 女 12 岁 籍贯安徽临泉

昏暗的房间里，一如既往的安静，却感受不到一丝热度。这是姥姥生前的房间。

自从姥姥走后，我便将这里设为我心里的“禁区”，不准人随便出入。“姥姥”两个字也成了我们家一块不可触碰的伤疤。

姥姥，曾是我心里的保护神。她的突然离世，让我的心像被人挖掉了一样。从此，我不单没了爷爷，没了奶奶，就连最爱我的姥姥也离开我了。我坐在姥姥睡过的小床上，感受着姥姥在世时的每一点气息。

我的姥姥，满头的白发，眼睛虽然有点浑浊，但总让人感觉里面含着许多故事。看久了，姥姥的眼睛就会像一个大旋涡一样，把人深深地吸进去。

姥姥给我的爱，总是那样无声无息，细致入微。那是一个节后的黄昏，我们一家要回北京了。吃过晚饭，我们便把行李收拾好放在客厅里，以便第二天一早出门赶火车。睡到半夜，一阵轻微的声音传入我的耳朵里，我慢慢地从床上下来。门缝里透进几点微光。我轻手轻脚地走下楼梯，昏暗的灯光下，姥姥正弓着腰往一个大大的塑料袋里塞着什么。那头上的白发在灯光下闪着银光，额上的皱纹更加清晰。尤其那双布满老年斑的手，手背上的皮肤像搓皱的报纸，褶皱毫无规律地分布着。原来姥姥正在往我的背包里塞东西，那些都是她亲手为我做的家乡零食，也是我最爱吃的。看着姥姥驼得快贴到地上的背，我的眼泪流了出来。

想起姥姥去世的时候，我抚摸着躺在棺材里的姥姥，看着那熟睡的面庞，我并没有哭。姥姥这一生实在太累啦，就让她好好地睡一觉吧。睡醒了，她还会回来爱我。

看着眼前熟悉的屋子，家具、床、小桌子、姥姥的针线筐，这些东西都还在，唯独没有姥姥的身影。我知道，姥姥永远地走了，再也不会回到这里来了。

我蹲下身，将脸贴在姥姥睡过的枕头上，感受着姥姥残留的气息，无声地哭泣。

怀旧船长点评：细节是文章的生命，情感是文章的灵魂。本篇通过细微的描述，写出了感人肺腑的祖孙情。然而这一切都源于小作者平时观察生活极为用心，才有如此具有生命力的鲜活细节。

送 别

杨京超 男 11岁 籍贯河南信阳

年底了，大家都在忙着挣年货钱，我家也不例外。

雪下个不停，给万物盖上了一层厚厚的棉被。都说“瑞雪兆丰年”，看着这白皑皑的雪世界，所有人都沉浸在这欢乐祥和的期待当中。然而，这美好平静的场景却被一个电话打破，老家的舅舅来电话说姥爷快不行了……

接到电话的那一刻，我的心像玻璃镜子摔到地上一样，“嚓”的一声碎成了无数片。

来不及多想，我背上行李，急急忙忙地去赶火车。一路上我都没有心思吃饭，也没有心情洗脸。高铁一路飞驰，外面的风呼呼地擦着玻璃向后退，可我还是嫌车速太慢，路途太漫长。焦急的心如同火上浇油，越烧越旺，我如坐针毡，不停地站起来张望。终于，记忆中的那座陈旧的楼房出现在眼前。往常一向鸡鸣鸭叫狗吠的院子，此时却十分冷清，只有几根光溜溜的树枝站在风中摇晃，不时发出啪啪声。我没有勇气去面对现实，原先急切的步伐停在了院子门口，我多希望小狗突然狂叫着朝这边跑来，姥爷听到狗的叫声会一路笑骂着开门出来迎接我。但我必须去面对现实，我拖着沉重的双腿踏进院子。凄凉向我袭来，原本应该灯火不休、充满浓浓年味儿的房屋，笼罩在一片黑影中，就连天上的星星和月亮也躲藏起来了，只有那阵阵如冰刺一般的冷风在呜呜咽咽。

厨房黑着灯，没有一丝热气，黑暗成了老鼠的天堂。整栋房子只有一间屋子发出灯光，亲戚们都在里面，个个面容严肃，眉毛拧成一团。出租车来了，大家默默地上了车赶往人民医院。

病床上的姥爷瘦弱得如一片枯叶，好像一点点的小风都会随时把他带走。我扑到床前，抓住沉睡着的姥爷的手。老天爷可真会挑时候，偏偏这时，大雨骤降，电闪雷鸣，雷声惊醒了姥爷，他努力睁开眼睛，望着我，眼睛都不眨一下，嘴唇嚅动，似乎想说什么，我把耳朵凑过去，却又什么也听不见。仪器上的心电曲线“吱”的一声变成了地平线，姥爷头一歪，轻轻地合上了眼睛。我紧紧抓住姥爷的手，想要留住什么，但是已经晚了。天空更加狂躁了，老天爷与我们共泣。

第二天晚上睡觉时，我梦到了姥爷。我知道，姥爷一定是把所有希望寄托在我的梦里……

怀旧船长点评：本篇胜在语言的锤炼上。在写作文时，主题、结构、文采都重要，如果文采、结构均优，但文不对题，将会成为失败的作文。但是我们必须清楚一个问题：作文归根结底是检验学生掌握运用语言文字的能力。所以，我在实际的教学中更加注重语言的运用。它是初学写作者的第一要务。

泥塘遇险

李佳硕 男 12 岁 籍贯河北保定

我坐在被窝里，吃着母亲递过来的蛋炒饭，眼泪涌了出来，滴在雪白的被单上，晕开，化作一朵朵灰色的小花。

我不听大人的告诫，跟着一群孩子到家附近的水塘边上捞蝌蚪玩儿。突然，我滑进了柔软的淤泥里，心里一阵紧张，可越是紧张越是往淤泥里陷。我想要抓住岸边，可石板光溜溜的，和着脏水的淤泥眼看就淹没了我的肩膀，我不敢动了。一起玩耍的孩子哭喊着四处逃窜。恐惧和贴在身上的湿衣服使我上下牙不停地磕碰。得到消息的母亲疯了一样朝我跑来，来不及脱鞋子就跳到烂泥里去拉我。可那些烂泥实在太黏稠了，母亲的腿也拔不出来。

村民们听到呼救声，飞跑过来，用大棍子将我们拉出泥塘。母亲打着赤脚，把我紧紧地贴在胸口抱回了家。母亲烧了热水，放在一个大盆里，往我身上浇热水，将我身上的泥巴洗干净，用厚厚的棉被将我裹起来放在了床上。我冻僵的身体终于暖和过来，一会儿就舒服地睡去。

等我醒来时，母亲坐在我旁边的椅子上，捏着我的小手。见我醒了，母亲的脸突然红得像熟透了的番茄要爆炸似的，她一把抓住我的肩膀，冲我大声吼叫。我从来没见过母亲这样的表情，吓得“哇”的一声哭起来。母亲见状，跟急刹车似的马上放低了音量，把我搂在怀里，哑着嗓子一遍遍重复：“吓死妈妈了，吓死妈妈了。”眼泪落到我的脖子里，凉凉的。

我也知道是自己错了，轻轻地跟母亲说对不起。母亲气头上的火被彻底浇灭了，她将我身上的被子又朝脖子处拉了拉，问我饿不饿。我点点头说肚子空了。

一会儿，母亲端来了一碗香喷喷的蛋炒饭。黄澄澄的鸡蛋夹在雪白的米饭粒中间，诱人的香气直往鼻子里钻。我伸手捞起一块鸡蛋就往嘴里填，母亲用筷子头敲了我脑袋一下，把碗递给我，微笑着洗衣服去了。

我看着母亲在搓衣板上一下一下搓洗着糊满泥巴的衣服，动作缓慢而笨拙，心里像打翻了五味瓶。

是啊，母亲已经开始变老了。泪水和饭粒呛了我一下，我咳嗽起来，眼泪流得更凶了。

怀旧船长点评：聚焦，聚焦，再聚焦。这是我对中小学生写事的反复强调。本篇集中焦点写泥塘遇险，从而集中传达出了母亲对“我”的爱。当同学把所有的力量都集中在一点上时，就容易找着着力点，从而完成高质量的作文。

城市美容师

刘若松 男 12 岁 籍贯河北石家庄

滴答！滴答！淅淅沥沥的小雨从天空中掉下来，几片黄叶趴在湿漉漉的地面上，在路灯的照射下显得是那么孤独。

现在已经是晚上十一点了，街上基本上已经没有行人，偶尔会有一两辆车唰地从眼前飞驰而过，车轮溅起一团泥水，将地上的黄叶打得啪啪响。我举着一把雨伞急急往家赶，无意间看到了一点银光在远处晃动。这么晚了，还有谁在那里干什么？心里升腾起的恐惧迫使我停下了脚步。可那是我回家的必经之路呀，绕道走可是要走好远呢。光点在慢慢向我站立的方向移动。回家的急切心情战胜了内心的那点恐惧，我试着朝前走，向着前面的光点靠近。走近了，才发现原来是一名清洁工阿姨。

她弓着腰，手上的大扫把唰唰唰地将地上的垃圾和落叶扫拢在一起，堆在路边，再返回去把垃圾车推过来，将垃圾铲进簸箕里，踮着脚尖倒进垃圾车里。她身上的衣服已经湿透，脸上淌着水，不知道是雨水还是汗水。垃圾车里的垃圾堆得满满的，已经高出车厢，她每次往里倒完垃圾都要用簸箕压一压。可那些落叶很蓬松，总是刚压下去又弹起来。突然刮起了一阵风，三轮车上的垃圾“哗”的一下吹下一大片，还有几片垃圾

清洁工，是城市美容师啊！

被风托着向远处飞去。阿姨忙拿起手中的扫把拍打吹起来的垃圾，有几片被打在了地上，她想把地上的垃圾扫进簸箕里，可那些垃圾被雨水死死地吸在地上，根本扫不起来，她只好用手捡。好不容易把刚才吹落地上的垃圾都捡干净了，阿姨搓着满手的泥巴，脸上露出灿烂的笑容。

如果没有这些清洁工，我们生活的环境会是什么样子呢？一定是乱七八糟臭气熏天吧。清洁工，是城市美容师啊！

我傻傻地站在原地，看着眼前干净的地面和阿姨渐渐远去的身影，雾气迷蒙了我的双眼。

怀旧船长点评：想象力的训练对中小学生写作的重要性是众所周知的，然而

如何训练想象力？在我十余年的教学实践中通常采取“画面感”的方式，其原理与绘画是一样的，不同的是绘画用线条，而写画面感用文字。本篇不仅写出了画面感，而且是动态的画面感，将普通劳动者的形象刻画得栩栩如生。

珍　惜

杨阳　男　12 岁　籍贯河南信阳

太阳已经晒屁股了，我才打着哈欠爬起来。哼，没有妈妈那烦死人的唠叨，想睡到几点就睡到几点，真是太舒服了。

我拉开窗帘，一下就看见我朋友静静地坐在我家沙发上看电视。他的爸爸妈妈离婚了，他妈妈不知道去了哪里，好久都没有消息了，他跟着爸爸生活。他爸爸平时早出晚归忙工作，根本顾不上他，所以他经常来我家蹭饭吃。不过，我不明白，家里没人吵，干吗不多睡一会儿，怎么这么早就跑我家来了。

我俩分着吃完妈妈给我留在桌子上的饭菜，一起往外走。在胡同口，我们遇到一对乞丐父子，是一个断腿的中年男人和一个比我们都小很多的男孩。中年男人从脏兮兮的口袋里摸出一个压得扁扁的面包，掰了一大半给孩子，饿极的孩子连嚼都没嚼，两口就吞下去了。见他眼睛盯着父亲手上的面包，用舌头舔着嘴唇，父亲摇了摇头苦笑了一下，将手上那一小块面包也递给了孩子。我们看见那位父亲的喉结分明动了两下，还发出了咕咕的响声。

我的朋友看不下去了，拉着我一起去店里买了两个面包，给了大人小孩各一个。中年男人颤抖着双手接过我们的面包，嘴唇翕动着说不出话来，一滴浑浊的眼泪滴到他干裂肮脏的手背上。

原来这个小孩的妈妈嫌孩子爸爸家穷，有外遇了，吵着要离婚。爸爸想要留住孩子，可是他妈妈死活不同意，偷偷地找人打断了孩子爸爸的腿。爸爸为了打官司，花光了家里原本就少得可怜的钱。最后虽然打赢了官司，却因此欠下一屁股的债，再加上腿残疾，找工作也没有人要，只好带着孩子出来要饭。

没妈的孩子真是可怜呀。原来我是多么地幸运，有一个幸福完整的家，我却不知道珍惜还嫌烦，不好好学习，懒得不想动。看着妈妈操劳，觉得那是应该的，还经常跟爸爸妈妈顶嘴。我为自己的行为感到后悔。

晚上妈妈回来了，我给妈妈端去一杯早就准备好的凉开水，靠在妈妈肩上，反复念叨着：妈妈，您可不能丢下我。

怀旧船长点评：以人为镜，可以明得失。本文通过路遇同龄孩子的遭遇心灵有所震动，反思自己应当珍惜所有。文章的角度比较新，立意也好。写作文，往往角度一变，境界立即上升。

习 惯

万旭阳 女 12 岁 籍贯四川成都

雨，淅淅沥沥地向大地的怀抱投去。艾拉却并没有因为这雨而改变原来的好心情。

回想起刚刚发生的事，看这雨滴也变得更可爱了……

闷热的空气向大楼里前来应聘的人群袭来，似乎在故意搅乱这群人原本急躁的心情。艾拉在这些人中并不出众，她不是什么名牌大学毕业的高才生，更没有任何的工作经验。如果硬要说有，那就是她在大学时当过一家饭店的服务生。

她的相貌也不出众，一张像大饼一样的脸上，似乎还被撒上了几粒“芝麻”；五官更是平淡无奇，如果要说她的特点，便只有个子矮小了。就是这样一张放在大街上都找不出来的脸，如何让面试官记得自己呢？艾拉感觉焦虑如同火苗一样从心底燃烧起来。

她已经经历过七次面试了，可前面七次没有一次是成功的。有一家公司的面试官甚至还幽了她一默：“姑娘，你从来没有穿过高跟鞋吗？”她知道这是羞辱她个子矮，但是她不能因为这个人的看法就去买一双高跟鞋。一双高跟鞋的费用，可以给生病的妈妈抓不少药了……

艾拉越想越烦躁，最终还是深吸一口气把那股情绪压了下去。也许是天气的原因，艾拉的额头出了一层薄汗。艾拉从包里取出一张纸巾，擦了擦额头，又放进随身携带的包里。

“下一个！”温柔却不失严厉的声音从内室传来。艾拉正准备推门而入，眼睛突然瞄到门边，一团纸团很扎眼。她身形一顿。

“下一位。”那声音又传来，显然是在催促着艾拉。艾拉向那位考官望去，考官脸上挂着公式化的笑容，但紧锁得好像能夹死一只苍蝇的眉头提醒着艾拉她的不耐烦。最终艾拉蹲下身捡起了地上的纸团，放在垃圾袋里。整个动作无比自然，像是做过千百次一样。然后，艾拉从容地坐在面试官前。

整个面试过程十分平常，就如同前七次一样。艾拉不禁苦笑一声，正准备出去，那温柔的声音又在耳边响起：“等等，你被录取了！”

艾拉疑惑地望去。

“谢谢你，捡起那团纸。”面试官平淡地说着。

直至后来，艾拉才知道她是唯一一个被录取的。

一个好习惯，可能改变你的一生。

怀旧船长点评：我在读完此文后问万旭阳是否到过写字楼里察看过办公环境，她说没有，只是将听来的故事加工整理当堂完成了作业。然而从此篇文章来看，丝毫看不出编造的痕迹。中小学生写作文不必拘泥于自身狭窄的视野，应大胆拓展思维，可将看到的、听到的、想到的有意义的事写入文中，亦很真实。现在我们的语文教学活动中总强调一定要写真人真事，试想我们大人又有多少有意义的真事儿可写？吴承恩写《西游记》，施耐庵写《水浒传》，难道真的去取过经或做过梁山好汉？就连“七分真”的《三国演义》，罗贯中也虚构了关公斩华雄、过五关斩六将、华容道等故事以增强可读性。若把这些“虚假”的桥段抽掉，关公的形象无法立起来。所以，写作文无非是检验学生运用语言文字的能力，若设限太多，不利于开发思维。特与广大语文教学工作者及家长、同学分享。

第七辑　联想

联想力是写作训练中的核心内容。

由于某人或某种事物而想起其他相关的人或事物，谓之联想。联想能力并非天生，通过后天的训练可以让思维更加活跃，从而提升联想能力。

本辑以“水”为题，通过“水”这一常见的、可以充分发挥联想的事物，让孩子们在思维和意识上有更广泛的拓展空间。

无论是有形的水，还是无形的水，在孩子们的笔下都具有生命和活力。老子说:“上善若水”。避高趋下是一种谦逊，奔流到海是一种追求，刚柔相济是一种能力，海纳百川是一种大度，滴水穿石是一种毅力，洗涤解渴是一种奉献。孩子们从小感知水的品性，必能锤炼心性，大利人生。

美丽的灵魂

李欣怡 女 11 岁 籍贯河南信阳

在遥远的一片森林中，有一条清澈见底的小溪，溪底的石子清晰可见，五彩斑斓的鱼儿们在溪底跳着贴面舞。小溪唱着优美的歌曲向前飞奔着，一切都沉浸在欢乐之中。

但，那都是很久很久以前的故事了。

现在，还是那条小溪，无色透明的水被人类污染成了一条黑色的“长龙”,一直向前延伸,直至汇入河水。水面上翻着气泡，这里是蚊虫的乐园。

水底，一摊黑水正与一滴纯洁晶莹未污染的水滴小声议论着什么。黑水族族长郑重地说:“小水滴，你是我们水家族唯一没有被污染的成员了，所以，现在就靠你流向大海为我们家族争光了。”小水滴摆动着晶莹的身子，朝族长自信地点了点头，然后向大家依依不舍地挥了挥手，并向大家庄重地敬了一个礼，转头出发了。

小水滴顺着黑漆漆的河水向前流着，它费力地眨巴眨巴眼睛，污泥沉重地盖在它的脸上，睁一下眼睛都是那么困难。高高的太阳射出耀眼的光芒，让行人都无法睁开眼。小水滴感觉自己的身体快被烤干了，连忙奔到树荫下，坐在树根下大口大口地喘着粗气，眼看着自己的身体正在一点点地缩小。这么下去只有死路一条，必须想办法离开这里。小水滴用尽最后的一点力气，跳了起来，落到一条小河里。这里汇集了好多跟它负有同样使命的水族成员。

小水滴抖抖柔弱的身子，站在河流中间，奋力地向前奔跑，它要奔向属于它的那一片浩瀚的大海。小水滴不停地跑着，但天上的太阳不放过它们，它们不断有兄弟姐妹消失在太阳的强光里。在离大海不远的地方，小水滴也消失了，被太阳蒸发了，它没有实现自己的愿望，也没有实现族长的期望。小水滴站在高空中，流下了一滴泪。这滴泪，在阳光的折射下，晶莹剔透。小水滴的泪水感动了风爷爷，风爷爷轻轻吹了一口气，将泪水吹进了大海里。这里咸咸的，正是小水滴的归宿。

小水滴虽然死了，但它美丽的灵魂终于回归到了故里。

怀旧船长点评：一滴水，也是有生命个性的。本文采取拟人的写法，赋予了小水滴“人”的意志，其奋进的精神丝毫不亚于人。因此，变换一种思维，写作文言而有物又不落俗套，其实并不困难。

伟大的造就

黄抒涵 男 13岁 籍贯安徽黄山

黑乎乎的云团集合在天空上方，刚刚还湛蓝的天空变得黑洞洞的，没有一丝光彩，大雨似要倾倒又似要停下。

一阵狂风撕开了黑色的布幔，天空露出灰白的底色，一时又变得明晃晃的，雨终究还是倾洒向地面了。黑云似乎并不想走，它们站在不远处观望，伺机发动攻击。一团一团的黑云悄悄聚拢，连成一片。被黑云占领的地方，它们不停地向地面泼水，有多少水挤多少水，似乎要将天上水淋淋的黑布拧干为止。正如天空中的情况一样，地面的水团结起来，开始铺天盖地冲向下水道。地面上的水很快没过人的膝盖，把路上的行人冲击得直打趔趄。几个人手搭手，护送着一位老人过马路。这画面开始朦胧，变得模糊。

画面再次清晰，雨中世界是那样的和谐，那一群人消失了，只有那一个老人，他站在街边的店铺屋檐下，目光向远处望去，向消失在马路对面的人群挥手告别。地上的水在汇聚过后也开始分岔，有的进入下水道，有的笔直向人的身上冲，还有的往土中钻去。正像水所做的，地面上的人们也开始形单影只了。

画面再次模糊，眼前的一切似乎都变得遥远飘忽。等再一次清晰的时候，雨停了，天空一片湛蓝。地面还残留着水的痕迹，还有水在集合，开始变大了。变大的水滴向更大的一摊水流去，慢慢地集合成了一桶水的量，再次涌向下水道。

人们又像水一样，开始团结，他们举着相机，在镜头下看水宏伟的造就：那些飞流的瀑布、江、湖、河、海，看它们有多么伟大！人们欣赏着水的成就，同时又欣赏自己的造就。水也欣赏过人们的造就。它们悄悄地融入各色颜料，滴在人们的作品上，形成独具特色的艺术品，供人们细细品鉴。

人亦似水，而水亦似人。水团结起来力量是强大的，而人亦是如此。水的精神是人类追求一生的财富。

怀旧船长点评： 抒涵同学经过训练，感觉思维被开发出来，联想力迅速提升，语句准确而富有才情。在深化主题上也做得很好，能够总结提炼“金句”，让作文的意境得以升华。

地面上的水很快没过人的膝盖，把路上的行人冲击得直打趔趄。几个人手搭手，护送着一位老人过马路。

梦想与价值

宋宇欣 女 12 岁 籍贯黑龙江牡丹江

院子里晒满了妈妈刚洗完的衣服，红红绿绿随风飘舞，像摇曳的花朵。一颗小水滴从衣架上滑下来，带着满满的希望来到地面。它一直有一个梦想，如果不被太阳烤干，它要去大海那里看看，看夕阳落下海平面，发出金灿灿的光芒，还想听听水滴们嬉戏时发出的欢笑声。

可不幸的是，从衣架上落下的水滴，只有七八个。小水滴汇集在一起，组成了一个小小的团队。不过能聚集起来的水，也只相当于人类的几滴口水而已。

但小水滴从来没有放弃自己的梦想，它和朋友们抱在一起，向远方滚去。它们的运气不错，刚走不远，一位妇女把一小盆水洒向它们，虽然有一半的水滴不愿跟着去远方冒险，流向了下水道，但它们现在已经有一大碗水了。

老天总喜欢开玩笑。看着大地上异想天开的小水滴，太阳生气了，把身体鼓得大大的，不停地向水滴们身上吹热气。聚集在一起的不少朋友都被晒干了，有的被干涸的土地吞没了，现在只剩下孤孤单单的小水滴了，它有点伤心。它想，也许自己也会被太阳烤干，变成水蒸气吧！因为自己实在太渺小了。

它望了望天空，幻想着海风吹拂着大海，海浪和水滴伙伴一起开心玩耍的情景。它摇摇头，回到了它所处的现实世界。

“喂，朋友。”

小水滴被旁边一株干枯焦黄的草猛然的招呼声吓醒了。小水滴望了望小草，说：“你太瘦了，也太渺小了，我们是一样的可怜。”

小草看着它，却只是轻轻一笑，它不认同小水滴的观点。因为在小草眼里，世上没有伟大，也没有渺小。

小水滴不解地望着小草：“都快要死了，怎么还笑得出来？”

小草爽朗地说：“悲伤叹气是过一天，快快乐乐也是过一天，干吗不快乐呢？我救了很多人和动物的命，被啃噬、践踏、割除，无数次从生死边缘顽强地活到现在，就算现在就死，也没有任何的遗憾。”

小水滴明白了，虽未实现梦想，但奉献也是很快乐的，所以，它把自己的生命，给了小草。

最后小草活了下来，它永远不会忘记那滴救它一命的水滴。同样，它为牛羊等动物奉献了身体，而牛羊也为人类奉献了身体。世界正是因为奉献而生生不息。

人，也是一样的。能够成就他人，也等于实现了自己的价值和梦想。

怀旧船长点评：此篇亦是用了“主题先行”之法，先在题目上定位，再组织相应的材料印证主题。这种做法简单有效，易形成前后照应、规范有序的行文效果，在作文考试中比较保险。

微小的力量

张仪漩 女 12 岁 籍贯河北保定

一滴透亮的、可以看清身体内部构造和思想感情的小水珠，欢愉地和妈妈在水群中散步。暖暖的阳光洒在身上，小水滴一点也不讨厌，倒是觉得全身上下被光包围着，心情也更加透亮了。

妈妈拉着小水滴的手，母女俩被水群簇拥着走在正中间。好一支浩浩荡荡的队伍。它们悠闲地哼着歌，漫步在海面上。

“呜啊——呜啊——”大风在水滴们没有任何防备的时候出击了，卷起滔天巨浪，浪头将水滴们抛出老远，四散着碎开。但很快，水滴们又再次聚拢。风有些气急败坏了，在海面发动一次又一次的攻击，掀起的浪头一个比一个大。一艘大船原本还气势汹汹地向大风示威，稳稳地行进在海面上，可大船最终还是敌不过这心情烦躁的大风，败下阵来。大风将大船从水面抛起又落下，船体被摇晃得东倒西歪。船上的人们被颠得七荤八素，咒骂着这该死的鬼天气。风狂叫着请来一向喜欢助纣为虐的乌云，乌云低低地压在人们头上，人们感觉喘不过气来了。乌云在风的煽动下，化成了大块的冰雹，劈头盖脸地向大船砸去。它早就看不惯人类的所作所为了，自私自利，为一点蝇头小利就乱砍滥伐，把浓浓的黑烟排向天空，把雪白的云朵熏得灰头土脸。一想到这些，乌云就恨不得将人们千刀万剐。

当它见到水群在拼死托住大船，推着大船滑向安全地带时，乌云的怒火被彻底激起，拼命地下着大冰雹，仿佛要把人们身上砸出一个大窟窿。水群一次次被大风抛开又聚在一起，冰雹将它们击沉到水里，但它们很快又浮出水面，仍然用尽了仅有的微小之力托着大船，守护着船上人们的安全。风累了，乌云也累了，它们没能斗过众多小小的水滴，缴械投降了。

海面再次恢复了平静。人类也省悟了自己之前的行为，他们开始组织起来保护环境。

白云又穿上它洁白的衣服，变得更加温柔漂亮。而风也收起了暴戾，变得轻柔。无数的小浪花在海面跳舞，洁白、透亮，那是小水滴的心灵。

怀旧船长点评：此篇也完全是凭借小作者的联想和想象力完成。当学生们学会联系事物、赋予自然万物以灵性时，写作文就变得轻松愉快了。思维，本如宇宙浩瀚无际，不必人为设限！

水的愤怒

杨京超 男 11岁 籍贯河南信阳

在一个鲜为人知的时代，地球没有生命，只是一片荒土。然而，没过多久因为气温变高，地壳下的物质化为岩浆，不停翻滚。远远看去，地球就是一个红红的大火球，时不时有地方爆炸冒出串串火泡，天空中蒸腾着刺鼻味道的黑色浓烟。地球被笼罩在一片乌烟瘴气之中。

那时地球没有水，也迫切需要水，于是盼着有一天奇迹会出现。

终于，老天被黑烟熏冒火了，它发怒了。不知从何地冒出一缕缕的蒸汽，白色的烟雾不断地冒上来。天空中闪电乱劈，乌云翻滚，狂风乱打，大雨骤降，天上地下都是黑压压的一片。老天将雨水直直地浇在那些翻滚的岩浆上，把飘浮在天空的黑烟拍打在地上。这雨一直下了几年才停住，直到把冒火的大山淹没在水里。从此比较高的地方成为陆地，低的地方就成了现在的海洋。

又经历过几十亿年的演变，一种世界的主宰、处在食物链最顶端、拥有超高智商、让大自然都惧怕的生物——人类出现了。人类现在变得越发贪婪，人们拥有高科技，想到哪里就到哪里，时常做一些违背自然规律的事。海边本是美丽而又富饶的地方，但由于大量的人群在海中胡来，海滩上也到处是垃圾。人类为了追求利益最大化，就连铺设的用来输送有毒液体的管道也偷工减料，质量不过关，经常泄漏使海水被污染。工厂的污水无休止地排到海里，让小水滴们痛苦万分，成堆的垃圾让它们无法呼吸。海洋忍不下去，也看不下去了。

这是一个如往常一样的晚上，月光格外透亮，时不时有清幽的银光浮在海面上。海面十分平静，不知何时，天突然变了，从水上蹿出一股惊天地泣鬼神的银色巨浪毁灭世间，大部分的人都在这次灾难中失去生命。之后，一切又平静了下来。仅存的少数人类觉醒了，开始正视自己之前的种种恶行。

天道轮回。许多年以后，在一个清凉的夜里，大家出来乘凉，孩子们正聚精会神地听着一位年迈的老者讲述地球的来历。

人类要保护好自然，这是大家的生存依靠，不要等到那悲剧故事变成真的时才觉醒，那样一切就都晚了。

怀旧船长点评：大胆的想象，逼真的描写，构成了此文的气韵。更为可贵的是，小作者联系到当今环境恶化的现实，对这些破坏环境的行为进行审视和批判，进而提出了人类必须保护自然的警示，强化了作文的立意，让那些空喊环保口号的作文黯然失色。

奉献之水

李佳旭 女 12岁 籍贯黑龙江五常

漆黑的天空中铺满了乌云，突然在乌云和乌云之间划过一道白色的闪电，将乌云撕开了一道缝。“哗”的一声，雨滴们争先恐后地从撕开的缝隙里往下冲，啪啪地砸在地上。

不一会儿，河里的水满了，来不及潜入水底的鱼儿被河水冲到了岸边。鱼儿在不断地喘息着，不断地挣扎着，眼里看到了正在向它们招手的死神。正在这时，天空中的雨再次“唰”的一下落下一大波，把奄奄一息的鱼儿冲回了河里。雨水为自己能为他人提供帮助而高兴。

雨渐渐地停了下来，天空中出现了一条美丽的彩虹。小河中的水在欢快地奔跑着，沿途看到了一群山羊在河边吃着嫩绿的小草。大黑牛缓缓地走到了河边，张开它那大大的嘴，伸出长长的舌头舔着干净的河水。清凉的河水流进大黑牛的胃里，大黑牛龇着它洁白的牙笑了。一旁的水牛哞哞叫着，带着她的孩子一头扎进河里，打着滚儿，扭着脖子将干干净净的水拂到身上洗刷掉泥巴。小牛犊露出它孩童的本性，在水里跳来跳去，踩起片片水花。

小河里的水在不断前行着，河水也不断地扩大。当河流经过草原时，一群牧民将手上的水壶浸进了河里，河水涌入壶中。它们明明知道钻入水壶的命运是什么，但它们心甘情愿。

当河水经过一座村庄时，看见了一群年轻的妇女。她们手里端着盆子，里面有许多衣服。妇女把衣服放入河水中，河水跳跃着把衣服里的脏东西带走。

一天，河水进入了长江，浑浊的江水并没有把干净的河水给吞没。河水慢慢地随着江水流入汪洋大海之中。河水在大海中看见了数不清的大鱼，它们把河水吞到了巨大的肚子里。河水在鱼们的肚子里清洗着里面的脏东西，被排出体外时，河水本来干净的身躯变得浑浊了。

但是，河水没有因为自己浑浊而觉得自己再也没有用处。因为它们知道把自己献给了这个世界，自身的价值已经得到了体现。

怀旧船长点评：本篇亦是先确立主题，再把水放进不同的环境体现其价值，暗喻不同岗位的人构成了这个充满生机的社会。虽没有明确讲道理，但用具体事物来说明道理，显得更有力度。

曲折的旅程

李文静 女 11岁 籍贯河北定州

夜晚，月亮将银白的光洒向茫茫的大海。小鱼小虾们也睡着了。有一个淘气的小水滴趁大家都睡得正香，偷偷溜出家门，跑到海面上一个人玩起了滑水的游戏。

远处有灯火朝小水滴走来，它一下子来了精气神，它也朝灯火滑过去。一看，原来是一艘满载货物的大轮船，无数个小水滴一起喊着整齐的号子，推着轮船行走。小水滴毫不犹豫地跳到它们中间，一起推着轮船前进。走了一段路，小水滴觉得这工作既辛苦又无聊，便借着船桨的搅动，飞到了甲板上。它觉得躺在甲板上看月亮，吹海风，还可以看到很远的地方，太惬意了。不知不觉中，小水滴沉沉地睡去。

一股炽热将小水滴包围，它觉得又渴又饿，身上没有一丝力气。它睁开眼一看，月亮已经下班了，一轮火红的太阳挂上了天空。太阳看着四仰八叉睡大觉的小水滴，露出一脸的坏笑。小水滴想起身找个阴凉的地方，可四肢软得跟烂面条一样。它忽然想起了妈妈曾告诉它的一句话：离太阳远一点，你必须时时和兄弟姐妹们在一起才可以永生，否则，你将会没命。它后悔没有听妈妈的话，它恨自己的懒惰。小水滴觉得眼睛发花，天地倒转。它感觉自己的身体正在一点一点地变小,生命正在消失。

突然，轮船晃动了一下。甲板桌子上的一只水杯倒了，水都洒在了地上。它们一开始四散着跳开，接着又汇聚到一起，形成一股小水流。当小水流流过小水滴身边时，有个姐妹朝它伸出一只手。小水滴拼尽最后一点力气紧紧抓住伸过来的那只手，它回到了团队中间。

小水滴与大家肩并肩，手拉手，冲过甲板上的障碍，再翻过栏杆，“扑通”一声掉进了大海。小水滴被摔晕了，等它再次醒来时，它躺在妈妈的怀里。它知道，自己得救了。

这个故事告诉了我们，人生也如这小水滴的旅程一样，奋斗永远都没有终点，过程中不免艰难险阻。我们只要团结，无论什么困难都会轻松地跨越。

怀旧船长点评：小水滴的冒险，是人的冒险；小水滴的精神，是人的精神。联想力的训练,正是把“无关”的事物变成“有关”，才会脱离单一的描述，把作文的内容写得丰富多彩。

水的抗争

薛格鑫 女 12 岁 籍贯河北保定

水，是世界上最柔软却又最坚强的东西。

不要小看一滴水，它有时只有针尖那么大一点点，很渺小，但是无数小水滴团结起来的话，力量将会无比强大。

一群小水滴在去往大海的途中，经过两个村庄。当时正是盛夏，酷暑难耐。田地都被晒得裂开了拳头大的口子。地上的庄稼因为严重缺水也快被干死了。村民们看到唯一流经村庄的小河里终于有水了，都赶紧跑回家拿家伙盛起来。盛够了人和牲畜饮用的之后，处在上游的村民就想着干脆把水截下，舀来浇地吧。否则，水哗哗地往下游流淌，流完了可怎么办呢？于是有聪明人就想到了一个办法，在河道里筑一条堤坝。说干就干，村民们马上动工，在河道里筑起了一道结实的堤坝。有了水，上游的村民再也不用担心没水吃了。好了伤疤忘了痛，他们又开始不把水当回事儿了。而处在下游村庄的村民，眼看着地里的庄稼就要干死了，人和牲畜的饮水更是大问题，于是派人去跟上游村庄的村民商量，能不能开一道口，放一点水给他们喝。可上游村庄的人说死也不愿意。下游村庄的村民只得哭着回去了，看着不断干死的庄稼和渴死的牲口，大家整天以泪洗面。

河道里的水滴们见此情景，认为上游的村民太过分了。水是大家共同的资源，哪能霸为己有呢？于是它们决定抗争，自己冲开堤坝。小水滴们也是说干就干，立刻团结起来，抱在一起朝着堤坝冲。一波水滴冲上去，“砰”的一声，被结实的堤坝撞得头晕眼花，弹了回来；又一波水滴冲上去，又被弹了回来……无数波水滴冲上去，功夫不负有心“水”，堤坝终于被冲开了一条小口。水滴们继续冲击，堤坝的豁口越冲越大。最后堤坝终于垮了，水哗哗地流到下游村庄。下游的村民半夜听到了流水的声音，赶紧爬起来冲向河道。他们跪在河道里，抖着双手捧起一捧水，慢慢地喝着，真是甜啊。

小水滴们看到这情景，笑了。它们感叹着：团结的力量真是坚不可摧啊。

怀旧船长点评：本篇主要阐述水的性质：柔弱与坚强，与老子所云“上善若水”的义理相通。团结能使水滴变洪流，也能使民族变强大。作文的立意，需要发现生活中的点滴，才能借物喻人，深化主旨。

神 水

姜随想 男 12 岁 籍贯河南驻马店

养花人在水龙头底下接了一壶水，却没有随手关上水龙头，就走出家门了。他最喜爱的那株夜来香终于打了花苞快开放了，养花人要去给它浇水。没想到他刚走到院子里，脚下一滑，一壶水一下子全都泼到了地上。

这是一团具有奇幻力量的神水，它们是受水神的指派来服务地球万物的，因见不得养花人白白地浪费水，不把水当回事儿，生气了，它们再也不想受养花人指使了。它们现在接到了新的指令，要去另一个地方执行任务。这团水慢慢渗入地下了。

这里就是传说中的神秘世界，从来无人知道地下还有这么一个神奇的所在。这个世界跟地球一样，有花有草，有动物有土地，但就是没有人。

水通过光的指引来到地下的神秘世界，现在的神秘世界动物占据着食物链的最顶端，但动物之间也分派别：大型动物一拨，小型动物一拨，食肉的一拨，食草的一拨……它们四分五裂，自相残杀，一点也不团结，所有的问题都靠武力解决，世界已被它们搅得一片狼藉：谁的力气大，谁说了算，力气大的耀武扬威，力气小的生不如死。就是同一拨动物，它们也总是喜欢窝里斗。

这不，水刚一进来，就看见一头狼准备吃另一头狼。而原因很简单，就因为分一根骨头，骨头一头大一头小，分到小头的狼觉得一起找回来的食物，自己不能分少了。这团水看它们打得实在不像话，立刻冲上前去，大声喊它们住手。可两头狼还嫌水团管闲事，停下了内部争斗，一起将矛头指向了水。它们用脚把水踩得飞溅，见四散的水滴很快又团结在一起，愤怒地抬起后腿就往水团身上撒下一泡泡极其臊臭的狼尿。水团再也忍受不住狼的侮辱了，大喝一声，叫来了无数个水团，形成一股洪流，一下子将这个地下世界给淹没了。

这个神秘的地下世界，变成了一个地下的水世界。所以，不要小看水，只要它们团结起来，力量可以无穷大。

怀旧船长点评：本文展开联想，文思如泉，但收束有力，借虚构的故事说明水的强大。故思维闸门一旦打开，即会左右逢源。

意外之旅

张雨欣 女 12 岁 籍贯湖北宜城

天上下起了大雨，人们都赶回了家。外面寂静一片，没有人说话，只有一片哗哗啦啦的下雨声。天乌黑乌黑的，好像是为了下大雨才把天刷黑的。

地上的水越聚越多，它们在地上四处闲逛。最后有的水说要去花园里浇花，跟花朵在一起，可以每天闻到香气；有的说要去田里浇禾苗，农民会感谢它们；有的说想去游乐场，跟小朋友在一起才快乐；只有一个小水滴，它最大的心愿是到大海去看一看。伙伴们都在嘲笑这个小水滴，觉得它的愿望最不切合实际。

小水滴不顾别人的嘲笑，独自出发了。它来到小河里，这里也有好多跟它怀有相同愿望的水滴，于是它们结伴同行。

它们历经磨难，来到了一座大山里。山里头只住着一个老猎户和他七岁的儿子。这天老猎户生病了，身上烫得可以煎熟鸡蛋。他躺在茅草屋下的破棉被里，紧闭着双眼，昏迷中仿佛看到死去多年的老伴。老伴告诉他儿子还小，一定要挺住，继续活下去。老猎户无奈地滴下了一滴眼泪。他也不想离开可爱的儿子呀，可现在病成这样，身上跟火烤似的难受，嗓子都要冒烟了。

七岁的儿子看见父亲嘴唇都裂开口了，他想，父亲一定是渴了吧。于是他提起屋角的水罐就到屋旁的小溪打水。

这些小水滴谁也不愿意被舀进罐子，因为它们的梦想是去看大海。于是你推我挤，想要绕开罐子，但罐子却像有魔力一样，把水吸了进去。小水滴也被吸进去了。

小男孩提着水罐回到家，在院子里堆了一堆柴，将水罐挂在柴堆上，“哧”的一声，点燃了木柴。随着温度的升高，小水滴身上被煮疼了。它想跳出水罐，可试了几次，还是落回到罐子里。

小水滴被小男孩倒进一只破碗里，在凉了之后端到老猎户嘴边，扒开父亲的干嘴唇，将水灌进嘴里。老猎户的嗓子“咕咚”一声动了一下，小水滴只感觉跟坐滑梯似的滑入了一片黑暗之中。老猎户慢慢睁开了眼，小男孩扑上去，紧紧抱住父亲。

小水滴知道自己看海的旅程到此结束了，但它一点也不后悔。因为它把身体献给了人类，它将在这里等待新的生命轮回。

怀旧船长点评：本文通过一个故事，写了水的牺牲，喻示人类社会之所以生生不息，正是由于牺牲和奉献。文章短小精悍，发人深省。

雪孩子

耿巧慧 女 11岁 籍贯山东菏泽

这是一个寒冷的冬天，天空中的雪花纷纷扬扬地落到地上，不一会儿就在地上积了厚厚的一层，晶莹洁白，将世界照得透亮。

森林中的小木屋前，一对年轻的父母趁着休假带着他们的孩子在打雪仗。雪飘落在他们身上，留下了一朵朵白色小花。难得有父母陪伴，小姑娘兴奋得咯咯直笑，笑声在雪地上空回响，就连躲在窝里避寒的小鸟们都忍不住出来看热闹。

小姑娘想要堆一个雪人，她想让雪人永远陪着她，这样，爸爸妈妈不在的时候，她就不孤独了。小姑娘用她那双已经冻得通红的小手将地上的雪拢起来，搓成一个团，放到屋檐下的高台上，再用手拍一拍，使其变得紧实。她在雪地上跑来跑去，一小把一小把地把雪抓起来揉成小球放在拢起的雪堆上。爸爸妈妈也赶过来帮忙。不多一会儿，他们就堆好了雪人的身体，差不多有小姑娘的肩膀那么高了。接着他们又捏了一颗圆圆的雪球做成雪人的头。小姑娘跑到屋里拿了两块圆圆的巧克力饼干放在雪人的额头下方，雪人的眼睛做好了，乌黑发亮。接着他们又找来一根胡萝卜做雪人的鼻子，半块小苹果做了雪人的嘴巴，两颗扣子做了耳朵。雪人堆好了，跟小姑娘长得好像啊，小姑娘给雪人取名叫“雪孩子”。突然小姑娘飞快地跑进屋去，一会儿取来了一条鲜艳的红围巾，小姑娘轻轻地将围巾围在雪人脖子上，说这样雪人就不冷了。

森林的夜静得没有一点声响，壁炉里的柴火烧得正旺，屋子里暖烘烘的。小姑娘和她的爸爸妈妈很快进入了梦乡。夜里，壁炉里的火顺着一根倒下的干柴，燃到了屋中。眼看小木屋突然着火了，而小女孩他们并不知道危险已经来临，仍然睡得死死的。正在这时，神奇的一幕发生了，只见门口高台上的雪人一点点挪着步子，轻轻推开了门，一下将身体扑到了烧着的火苗上。

大火被浇灭了,雪孩子消失了。被烟呛醒的小女孩一家醒来，看到烧焦的木桌上有一摊水。小姑娘冲出屋门去看她的雪孩子，结果什么都没有了。她哭着望向天空，一团雪白的雾正在升腾，她知道，那一定是她的雪孩子。

雪孩子是柔弱的，但它拥有一颗善良、博大的爱心。

怀旧船长点评：80后对动画片《雪孩子》有很深刻的印象，本文亦是虚构的故事，小作者从独生子女的视角出发，将水赋形为雪人，希望双手创造出的“雪孩子”能永远陪伴自己，而意外的火灾让雪孩子神奇地活过来，并进入屋内救火，场景与细节的描写逼真且细腻。小作者善良的意愿尽付笔端，写出了由水组成的雪孩子舍身救人的感人故事，立意、画面均属上乘。

不多一会儿，他们就堆好了雪人的身体，
差不多有小姑娘的肩膀那么高了。

珍 宝

明明 男 13岁 籍贯河南信阳

一片大沙漠里，长着许多的仙人掌。它们有的才刚露出沙子，有的已长到三四米高，身上有几千根长长的刺。据说仙人掌是最耐渴的植物，它们厚厚的叶片可以储存很多的水分，身上又细又尖的刺可以保证身体里的水分不容易蒸发。仙人掌身体里的水分很清洁，如果不是它们身上那些像钢针的刺，沙漠上的动物肯定就会将它们连根啃光。

所以，仙人掌是沙漠上的存水珍宝。

沙漠白天很热，人在沙子上行走，面对无边无际的沙漠，头上顶着白花花的太阳，很容易出现幻觉。出现幻觉的时候会看到前面有一片片的绿洲，然后人就朝前走，可是绿洲永远在眼前不远的地方，人就会追着绿洲没完没了地走，直到把自己累倒在地上，最终死去。白天被太阳晒过的沙子温度很高，一会儿就可以把人烤成人干。由于沙漠上没有草和树固定沙子，被晒干的沙子很容易被风吹起来，形成尘卷风。尘卷风所过之处，人和动物就跑不掉，直到被埋在沙子里。

但是到了晚上，沙漠上的沙子因为没有水分，退热也特别快，温度很快退去，越来越冷，最低能达到零下三十多度。

所以，在沙漠里，水比黄金更珍贵。

但是，也不是所有人都会珍惜水。比如在海边，有很多人在里面玩儿，等他们玩够了就回到宾馆，拧开水龙头，用干干净净的水冲刷自己的身体，因为海水里有很多盐分，不冲洗干净的话，皮肤会很难受。这些水最后又白白地流进海里跟海水混合在一起。原本清甜的淡水一旦混入海水，就立刻变得又苦又涩，不能饮用。有的人干脆把水龙头打开，站在喷头底下一直冲，白白地浪费水。我不知道，他们在浪费淡水的时候，会不会想到在黄沙漫漫、飞沙走石的沙漠里，水是多么的珍贵呢？

我希望那些随便浪费水的人，能够多想想沙漠上每天都可能渴死的人和动物。爱惜每一滴水，就是爱惜每个生命。

怀旧船长点评：人性，只有在最艰难的时刻才能尽显。本文设置了一个个特殊的场景说明水的珍贵，呼吁人们节约用水，珍爱生命。文章没有说教，而是以灵动的画面作为警示，结尾点出主题“爱水就是爱生命”，令人信服。

第八辑　想象

爱因斯坦说：想象力比知识更重要，因为知识是有限的，而想象力概括世界上的一切，推动着进步，并且是知识进化的源泉。

想象力是写作的第一要务。

青少年时代是最具想象力的时期。然而由于过分强调分数和“标准答案”，中小学生的想象力被禁锢，写出来的作文千人一面、千篇一律。实际上，作文只是一种表达，检验的是学生运用语言文字的能力，需要平时训练想象力，让美妙的文字从心里长出来。

本辑以“柜子和门”为题。打工子弟们克服了对写作的畏惧心理，开始打开思维的闸门。通过读他们的习作，我们看到了一件件奇幻的事，更看到了一颗颗渴望的心。

幻 湖

杨佳钰 女 13 岁 籍贯宁夏吴忠

浅浅的阳光穿过薄薄的晨雾，暖暖地洒在小山庄。我身心舒畅，猛吸一口带有清新的草香和湿润泥土味道的空气后，走向那未知的旅程。

我微闭着眼，一路走着，看着，闻着……太阳左躲右闪地避开天边那些纠缠的云朵，将一股股热量倾洒在大地上。蝉趴在路边的树上发出吵炸人脑的声音，我加快步伐想要逃离，不知不觉走到了离山庄很远的地方。不远处，是个没有人烟、如梦中仙境的地方。

一片足有两个足球场大的湖出现在我眼前。湖面笼罩着一团薄薄的雾气，若有似无的淡淡黑影隐藏在雾气中，好像只要轻轻拨开雾气就能看到一个长发飘飘、青色长裙随风摇曳的姑娘，白雪一般的光滑肌肤，一双黑得熟透的葡萄眼，一个小巧精致的鼻子和两片粉若桃花的薄唇，脸蛋上一抹樱桃色的羞红，正浅笑盈盈地看向我。

走近湖边，原先蓝绿的湖水变得清澈透明，倒映着高远的天空，让人感觉那水深不见底，像一双深邃的眼眸让你沉醉其中，不可自拔。湖面因微风突起小波，一层一层的涟漪由远及近向我推涌而来。湖的四周更是奇幻，明明挂在天上的太阳正将怒火四处泼洒，但站在湖边却一点也不觉得热。当微风吹过似无心栽植却成群列队的杨柳时，一阵沙沙声仿佛让人听到了清亮婉转得像小孩子般清澈干净的歌声，眼前无数穿嫩绿长裙的女子在随风随歌翩翩起舞，比韩国女团简直好看一百倍。柳絮在风中飞舞，触碰着我的脸颊，是一种麻酥酥的轻柔，那一小团一小团的薄雾，三三两两穿过柳梢，更是增添了一份雨中看樱花的朦胧美感。当我的眼睛触及北边一片紫气弥漫的薰衣草时，我真是像喝了酒一般醉了，眼睛迷蒙了。那一片神秘的紫色在绿得淌油的叶子的衬托下，更是美得让人不敢相信，真想一下子就拜倒在她的紫裙下。“呼——”几声清亮的长啸划过耳膜，唤回了我还在紫裙下的思绪。回过头，几只洁白的天鹅向我展示着它们优美的长颈，那是一幅可远观而不可亵玩的景象。

当我还沉醉在这唯美似画卷的美景中时，夕阳正悄悄唤我回家。它是不是也不舍得惊扰这片静中有动的美好？我最后再望一眼这美得不真实的湖，想把它深深刻入脑海。

回到山庄，我问当地人，他们说并没有我所说的湖。是我出现幻觉了吗？

抬眼看向远处，望着那些铺满山野正啃食草根的牛羊和被装上火车拉去城市仅有碗口粗细的木头，我恍然醒悟：那湖不是幻觉，一定真实存在过。

怀旧船长点评：想象力，可以创造出震荡心灵的世界。本篇当堂作文语言创造力强，通过大量的移景手法，调动感觉器官，剪裁出意念中精美绝伦的画面，组合成一个如梦如幻的湖。它是当代的《桃花源记》，结尾寥寥几笔点出了文章的主旨：若不是人类肆意破坏环境，梦幻之湖就不会只出现于幻象之中。这种寓意使文章脱离了单纯的描写而变得深刻。

恐 惧

陈超 男 12 岁 籍贯河南信阳

漆黑的乌云拐走了圆月，无数只乌鸦绕着隐没在丈高杂草丛中的城堡，一位白衣少年一步步缓慢地登上城堡前的最后一级台阶。

少年走到城堡前，随手推开了大门。屋里的摆设怎么这么熟悉，落地大窗户前，几盆绿色植物在阳光下舞动。玻璃缸里的金鱼转着鼓胀的眼睛，用尾巴将水拍得哗哗响。妈妈站在窗前不知道在看什么。少年朝妈妈扑过去，抱住妈妈。妈妈转过身来发出恐怖的干笑，长长的手指甲深深地掐进少年的肉里。爸爸过来推开了妈妈，将少年扶到了一张床上，少年睡着了。

一觉醒来，少年发现自己在一张婴儿床上，屋子里透着冰冷的气息，没有一丝热度。墙角和天花板都挂满残破的蜘蛛网，墙面被飘进来的雨水浸得斑斑驳驳，有的地方已经生出几朵灰黑色的蘑菇。屋子里充满着刺鼻的腐臭味儿。

少年逃出房间，大厅里有一架通往二楼的酒红色楼梯，一层共有十三级。少年抚摸着光滑却沾满灰尘的扶手一步步往上走，刚走过的楼梯却像伸缩门一样一点点缩短，最后卷成一卷镶在二楼楼板上。少年试探着朝天台上走，背后“呼”的一声蹿出一股火苗，顺着走廊朝少年扑来，火苗的后面是一大股洪水。少年沿着走廊奔跑，眼看着就没路了，少年眼前突然出现一个柜子，柜子上的门虚掩着。慌不择路的少年猛地推开柜子门，冲了进去。眼前是无边的黑暗，少年急速往下掉。耳边呼呼的风声带着沙粒敲打在脸上，惹得少年特别想打个大大的喷嚏，可憋了半天也没打出来。心脏被压迫得喘不上气来，少年觉得自己可能是快要死了。他想再抱抱妈妈，跟她告别，可他不知道妈妈在哪里，最终忍不住哭泣起来。

少年隐隐听到远方有人在焦急地呼唤，声音很熟悉却又记不起来了。他想起来了,一定是妈妈,少年一边回答“我在这儿”,一边使劲朝妈妈挥手。

突然，少年醒了，只见妈妈正伏在身边拍着他的脸在叫他。他一把抱住妈妈，眼泪涌了出来。

怀旧船长点评：梦境，也是心灵的现实。我们每个人都会做梦,将梦中的情景用画面展示出来,是对现实的映照。本篇写梦,揭示了孩子的恐惧和母爱的不可割舍,读来如历其情、如临其境。

蓝色的眼泪

邓晨曦 女 11岁 籍贯河北沧州

风卷着雪花漫天飞舞，细碎的雪粒打在玻璃窗上沙沙作响。月亮没有来上班，只有地上的积雪反射出惨淡的微光，把周围照得神神秘秘。

一间被雪盖上厚棉被的房子里，屋里的热气凝结在冰冷的窗玻璃上，结下一层厚厚的霜花。该睡觉了，梳着马尾辫的小女孩解下头绳，朝门后的衣柜走去。柜子里挂着她最心爱的小熊睡衣。拉开柜子的门，一道强光刺得她眼睛短暂性失明。等适应过来之后，她已经身处一个陌生的世界了。

她有些茫然，这里俨然没有冬天的样子，周围的环境也很陌生，她确定没有来过。这是一个小村庄，路边的小草已经开始变绿，地里的庄稼苗已有半尺来高。农人们正在田地里忙碌，没有歌声，没有欢笑。路上偶尔会有一两个行人，但都行色匆匆，一个个挂着一张苦瓜脸。小女孩跟他们打招呼，可他们似乎看不见人似的。一切都透着冷冰冰的古怪，跟这暖洋洋的天气很不相宜。

路边几株不知名的花挺立在微风中，粉红的花瓣上沾着露水，发出一股像兰花又像木兰的奇特香味儿，立在花瓣中间的花蕊像极了美少女的笑脸，吸引着路人想向它靠近，再靠近。可花瓣下方的泥土上却堆积了许多断了翅膀、少了眼睛的蝴蝶。

小女孩伸手去捡地上的死蝴蝶，背后突然伸出一双干枯的手抓住了小女孩的肩膀。小女孩被吓了一跳，猛一回头却是一张面容和善的老婆婆的脸。婆婆用眼神示意跟她走。小女孩缩回手，在自己的衣服上擦了擦吓出的汗。直觉告诉她，婆婆不是坏人。

小女孩跟着婆婆来到一间小屋。原来这个村子被巫婆控制了，那些花是巫婆的侍女变的。人一旦触碰花朵沾上花粉，立刻就会变成恶魔。唯一的破解方法，就是用涂抹了魔幻花朵露水的强光刺激人的眼睛，直到滴出蓝色的眼泪，再滴到花蕊上。

小女孩被吓了一跳，猛一回头却是一张面容和善的老婆婆的脸。婆婆用眼神示意跟她走。

但被强光刺过的眼睛有可能会失明，甚至失去生命。

听完婆婆的话，女孩跑出了小屋。第二天，小女孩举着装有蓝色眼泪的小瓶子跌跌撞撞地来到村里。她将眼泪一滴一滴地滴在那些花的花蕊上，诅咒被解除了，村子恢复了从前的样子。

后来，在小女孩死后，村民们制作了一个花蕊女神的铜像立在村口，以纪念她的善良和勇敢。

怀旧船长点评：本篇小作者在文采上有了质的飞跃，这是由于想象力的训练已初见成效。想象绝不是胡思乱想，而是附着在作者确立的主题之上。本文讲述了小女孩拯救村庄牺牲自己，其立意是健康向上的。故所有的描述必须有鲜明的主题。

奇幻的清明

陈翔　男　12 岁　籍贯河南信阳

风吹起铺在土堆上的那些黄色的方孔纸钱，有如群魔乱舞。土堆下方，埋着小明的母亲。

今天是清明节，已随父亲迁居省城的小明每年都要来这里一次，给母亲上坟。可令他惊讶的是，母亲的坟前什么时候立了一座大理石石碑。难道是父亲立的？想到这里，小明马上撇撇嘴，给自己一个讽刺的冷笑。想起母亲才刚离世两个月，父亲便迫不及待地娶了比他小二十岁的女人。若不是自己长得酷似母亲，沉浸在新家庭的父亲，怕是早就想不起曾经还有过母亲这个人的存在了。

可今天的墓地好像真是有点不同寻常。小明抚摸着碑上妈妈的照片，想起妈妈与父亲共同打拼家业经受的那些苦，泪水涌出了眼眶。一只小虫停留在妈妈相片的眉心中间，小明伸出一根手指为妈妈驱赶那只小虫。手指刚触到妈妈的眉心，石碑就从中间裂开了一道缝。石碑缓缓地向两边伸展，变成一道洞开的门，小明走了进去。前面是一个巨型的透明柜子，妈妈和村里好多人都住在柜子里，有的在缝补衣服，有的在喂鸡鸭。差不多样式的灰砖黑瓦的农舍，有几处的屋顶上正冒出缕缕炊烟。那不是自己小时候生活的地方吗？小明走到透明柜子前，眼前的玻璃墙突然消失了。小明进到柜子里，他要跟母亲在一起，不想再看到继母整天拉长的脸。

就在小明在人群中寻找母亲的时候，面前的一切消失了。玻璃柜子、村舍全都消失了，地上遗留着一堆一堆的白骨。这些白骨突然站了起来，摇晃着朝小明扑过来。小明东躲西避，那些被小明躲开的白骨一个个又倒在了地上，变成一堆散乱的骨头。

小明继续朝前走，他一定要找到母亲。突然，墙角处有光刺来，只见一具白骨提着一把明晃晃的菜刀朝小明扑来，那不是继母吗？

小明没有跑，他站住了。等继母靠近，小明飞起一脚，继母应声倒地，手上的菜刀"咣"的一声掉在地上。小明捡起菜刀，菜刀却在他手上变成了一块黄灿灿的金砖，金色的光芒照亮了天空。光影里，父亲正跪坐在母亲坟前，老泪纵横，轻轻地诉说着什么。

小明扔下金砖，朝父亲跑去。他知道，前方有比金砖更宝贵的东西在等他。

怀旧船长点评：本篇构思奇巧，写了一个幼时丧母的再婚家庭的情感问题。故事从孩子的视角结构，打开了他内心奇想的生死可见的幻想世界，然而幻象被打破，在结尾设置了悬念：前方比金砖更宝贵的东西是什么？也许是父亲的反思，也许是久违的父爱。但无论是什么，都是一次精神的觉醒。小作者能驾驭心理的变化，亦是想象力的助力。

心里有鬼

王东豪 男 12岁 籍贯河南许昌

一道道闪电照亮夜空，闷雷从屋顶滚过。我躺在床上，惊恐地看着鬼影一样招摇的树影睡不着。

突然，屋子里传来两声轻微的咚咚声，我猛地坐起按亮了桌上的台灯，颤声问："谁？"但没有人回答我。应该是我听错了，我安慰着自己又缩进被窝。可眼睛总往门那里瞄。过了一小会儿，咚咚声再次响了两下，我小心地下床，光着脚踮起脚尖走到门边往外看，但门合得很拢，什么也看不见。

我回到床边，刚要躺下，咚咚声再次响起。这回听清了，声音是从屋角的柜子那里传出来的，似乎柜子还在轻轻晃动。我壮着胆子走到柜子前，将耳朵贴在柜门上，里面好像还真有窸窸窣窣的声音。我猛地拉开柜门，一个身穿白裙披头散发的女人站在我眼前。血红的舌头好像已经舔到我的脸上，脸上黏黏湿湿的。有鬼呀！我"砰"的一声关上柜门，大声尖叫着跳到床上，将被子扯过来捂在头上瑟瑟发抖。爸爸妈妈听到喊叫声，披上衣服冲进我的房间，急切地问我怎么啦。我颤抖着身子指着柜子，断断续续地说："有，有鬼！"

妈妈将我揽在怀里，摸着我的头说："又做噩梦了吧。"在妈妈轻轻的拍打下，我又进入了梦乡。

第二天，我告诉妈妈柜子里真的有鬼，我晚上不要再睡那间屋子。爸爸妈妈笑着将我带到柜子前，要我打开，我退缩着往后躲。一想起那个吐红舌头的长发女鬼，我就吓得把妈妈抓得紧紧的。

爸爸拉开柜门，里面确实什么也没有，除了一件上次妈妈挂到柜子里没有取走的印有美女头像的 T 恤。难道昨晚看到的是这件衣服？那响声又是从哪里来的呢？我还是不太放心。

妈妈带着我将柜子查看了个遍，还是什么都没有。这时，窗户里吹来一阵风，只见放在柜子顶上的两张旧画报啪嗒啪嗒地扇了两下。哈哈，终于找到藏在屋子里的鬼了！

从此以后，别人再说有鬼，我会果断地告诉他们，鬼根本不存在，所谓的鬼，都是心里想出来吓唬自己的。

怀旧船长点评：人对未知的东西才会心生恐惧。本文前半部分通过想象的渲染制造了恐怖气氛，后半部分解谜，告诉读者鬼是不存在的，只是自己心里想出来吓自己罢了。作文有趣味性，叙述流畅生动。

脆弱的友情

胡俊波 男 11 岁 籍贯河南信阳

半山上的洞穴里有一个积满灰尘的破柜子，谁也说不清楚这柜子到底是怎么放那儿的。

据说，谁要是把柜子的门给打开了，谁就得死。村里人都不敢靠近那个洞穴，更是谈柜色变。

王大、李二、赵三是村里的三霸，平时专门欺负老实人。三人关系密切，自称“铁三角”。听了有关柜子的传说，他们决定去探险，说不定还能捡到财宝。

三个人在一个午后来到山洞，决定打开柜子。虽说平时他们三个天不怕地不怕，把村里搅得鸡犬不宁，但到底是要动这个人人都惧怕的柜子，心里难免还是有些忐忑。经过商量，他们决定合力推开柜子的门。就在他们将手放在柜子上时，“嘎”的一声，柜子门自己打开了，一股神奇的力量将他们三人吸进柜子。他们头朝下脚朝上急速往下坠。眼前是一片漆黑，耳边只有呼呼的风声。不知过了多久，他们同时摔在了地上。

眼前是一片果园，翠绿的叶子下面藏着青色的苹果。只有一棵快要枯死的老树上挂着一个有碗口那么大的苹果。粉红的果皮上结着白霜，远远地就能闻到香甜的苹果味儿。三个人都觉得肚子饿了，正咕咕叫着。于是他们合力搭成人梯，将苹果摘了下来，一人分一块儿。咬了一口，冰糖一样清甜的汁水立刻溢满口腔，甜汁顺着舌根一路滑到了胃里，有点要飘起来的感觉。不一会儿，他们三人同时觉得脚下沉重得挪不开步子，呼吸困难，看看对方，都是脸色发紫，像是中毒了的样子。

枯黄的苹果树下突然冒出一个青面獠牙的怪物，两个鼻孔朝天长，鼻孔下面是没有嘴唇护着的白森森的獠牙，长满黑毛的手臂足足有三米长。三人想跑，却动不了；想喊，却发不出声音。

“刚才是谁偷吃了我的千年果？”怪兽冷冷地问。

“铁三角”紧咬着嘴唇，守着他们的友谊不说话。

“谁先说我就放谁出去，否则……”怪兽做了一个“咔嚓”拧断脖子的手势。

话音刚落，王大就指着李二，意思是他吃的，李二指着赵三，赵三又反指着王大。为了活命，谁都不承认是自己吃的。

怪兽冷哼了一声：“原来你们的友情比纸还要脆弱！”说完伸出利爪剖开了王大、李二、赵三的肚子，将他们胃里的苹果放在一起一捏，苹果又变得完好如初。接着往树上一抛，苹果稳稳地挂在树枝上，依然红得诱人。

怀旧船长点评：本篇通过写三个恶霸的遭遇说明一个道理：坏人吹嘘的东西是靠不住的，一旦有难就露出了自私的本性。作文通俗易懂，形象生动地暗喻世上也有三霸这样的“铁三角”，需要我们提高警惕、仔细辨别。

魔 镜

卜令全 男 12岁 籍贯山东临沂

昏黄的月亮底下，破旧的城堡发出呜啦啦的怪叫，让人听得汗毛倒竖。

城堡门廊上的那个与天花板齐高的大红色柜子，总是透出一股神奇的魔力。我走过去，摸了摸柜子上的狼牙按钮。“突”的一下，按钮弹开了，大锁掉到地上。我吓得向后跳了一步。没想到，柜子门缓缓开了。门里晃过一张熟悉的面孔，是弟弟。我揉了揉眼睛，紧跟着追了进去。眼前是一眼望不到头曲曲折折的朱红色长廊。

前面那个小小的身影在奔跑，忽远忽近，但就是追不上，也看不真切面孔。跑了一段，前面的人影不见了，长廊出现了三条岔道，我站在原地不知该住哪里走，低头发现左手边的地上有一小摊血迹，殷红刺目，便决定朝左边追。拐过一道弯，刚才的那个人影就在前方，他正坐在廊下的木头凳子上，低着头，不知道在干什么。

我飞奔过去，拍了他的肩膀一下，大声喊着弟弟。他缓缓地抬起头，一张比纸还要白却没有五官的脸出现在我眼前。他的手正在流血，好像是被什么东西扎破了。他拿出一面镜子递给我。我后退着不敢接，他却固执地伸着手，似乎一定要让我接过镜子。

镜子是一面古代的铜镜，背面的狼牙纹饰已经被磨得快看不出图案了。我翻转镜子，里面像放电影一样，一幅幅的画面在穿梭。第一幅画面里，两个小男孩坐在院子里玩耍。那不是我跟弟弟吗？我抬头看了一眼对面坐着的无脸人，他示意我继续看下去。第二幅画面是一群小孩在一起玩耍，有我和弟弟。我们在一堵土墙上面乱画，土墙突然晃动了一下，大家都没在意，继续在土墙上画着。过了两秒钟，土墙向我们站立的方向倒下来，孩子们惊叫着逃开。只有我还在为我画的狼添最后一笔，没注意到已经倾斜的墙。已经跑开的弟弟见我还在原地，反身跑到我旁边，使劲儿推了我一把。就在这时，土墙擦着我的脚边倒在地上。腾起来的灰尘锁住了院子，我的弟弟被压在了土墙下。

我哭喊着用手去刨那些泥土，刺痛使我惊醒过来。汗水浸湿了我的后背。妈妈不是说，弟弟是掉到河里淹死的吗？

哎，不管怎样，如果有来世，我会照顾好我的弟弟，不让他出意外。

怀旧船长点评：魔幻、科幻等类型文学在世界范围内大兴，中国本土类型文学也逐渐被世界所接受。然而这些题材的实质并不是编好故事、营造逼真情景那么简单，它是心理的外延。本篇的成功之处是结合“弟弟遇难”产生的心理反应，若无这个内核，文章只能流于一般。

密 匙

宋雨安 男 12 岁 籍贯江西宜丰

推开卧室的门，墙角的柜子射出一束奇异的光，瞬间又消失了。

好奇心驱使我向柜子走去。刚打开一道缝，一颗鸡蛋大小的宝石镶嵌在柜子壁上，刚才的光正是这颗宝石发出来的。正在收缩的光束像旋涡一样把我吸到了一个海底世界。

这里除了发臭的黑色海水，什么生物也没有。空荡荡的大厅里，中间那根泛黄的柱子上，已经生锈的挂钟时针停留在十二点处，钟摆虽然还在一左一右地晃动，但时间却像定格在那里。天花顶上那盏莲花灯，破碎的灯罩上的玻璃片悬挂在空中，随时都可能掉落地上。一股死亡的气息笼罩着大厅，我只想找到出口离开这里。往里走，左侧墙上有扇门，上面是三个已经发黑的血迹大字：自由门。

我毫不犹豫地向那扇门走去。轻轻一推，门开了。里面是一条走廊，残破的蜘蛛网上结满灰尘。走廊的尽头是一个黑色的柜子，上面写着：能量石。但柜门上贴着阿波罗神的咒语。

我记得曾在一本书上看过，盛极一时的摩多王国，因为能量石丢失，一夜之间就败落了。谁能找到能量石，就可以重振摩多王国并成为这个国家的王。

柜子顶上还放着一个巨大的包袱，我取下来打开，里面全是远古武器，还有一张地图。地图的背面画着一把半月形的钥匙。我明白了，找到半月形的钥匙就可以解开柜子上的咒语，找到能量石，这也是我返回人类世界的唯一路径，没有别的选择。我拿着地图，根据提示来到了一片原始森林，两只怪物在争抢一块半月形的玉石，没错，那就是解开符咒的钥匙。趁它们扭打在一起，我一剑把它们给杀了。

拿到钥匙回到柜子前，将半月形玉石在符咒上一扫，柜子立刻开了。从里面飞出一条黄色的龙，能量石在它头顶上闪闪发光。我甩出九把神剑，在天空中摆出一个阵法。那条龙也不是吃素的，它用尾巴击落了我的八把剑，最后一把被它打成了几截，剑的碎片不偏不倚刺中龙的眼睛。失明的黄龙翻滚着摔到地上，我赶上前去一剑把它杀死了，取下黄龙头上的能量石，往天空一抛，消失的摩多王国立刻出现在眼前。百姓要推举我做他们的王，但被我拒绝了。

见留不住我，摩多王国的臣民将我送回了人类世界。站在卧室窗前，呼吸着新鲜的空气，我不禁感叹：自由的感觉真好。

怀旧船长点评：本篇稍作展开就是情节曲折的魔幻小说。写故事，什么类型并不重要，重要的是映照人生的奋斗与抗争。《魔戒》的作者托尔金教授之所以写出伟大的作品，是由于他将“二战”时的法西斯与黑暗势力作了对接，从而使作品具有现实意义。文学是现实的外化。无论时代怎么发展，正义必战胜邪恶，光明必驱散黑暗，但前提是我们有一颗勇敢的心！

义　门

李欣怡 女 11岁 籍贯河南信阳

被歹徒追赶的主人一边跑一边捂住快要跳出胸膛的心脏，慌不择路地冲进家门，嗅着身后那股凶神恶煞的气息，急得快哭了。

躲在哪里好呢？看到窗户边上那个被自己收拾得干干净净的大柜子，主人一下拉开柜门，跳了进去。她蜷缩在柜子里，抓了几件旧衣服将自己盖得严严实实，大气都不敢出。

歹徒搜不到人，心想人肯定在柜子里。于是就跑到柜子前用力拉扯柜门，但无论如何用力也打不开。为首的歹徒说，一定在柜子里了，不行就把柜子砍烂。没等歹徒的刀砍下去，为求自保的柜子就乖乖地将门打开了。可柜子里除了衣服，连半个人影也没有。

“不在柜子里，肯定在阳台上！”歹徒首领大声喊叫着，他们又去了阳台。主人没想到，自己平时视作珍宝的柜子，竟然在关键时刻这么轻易就出卖了自己。趁歹徒在阳台，主人一闪身进了卧室，轻轻地把门关上。

报警，这是能救自己的唯一方法。在阳台上一无所获的歹徒返回客厅时听到了卧室里的轻微响动，确定主人躲进了卧室。

于是扑到卧室门前，可怎么推门也打不开。歹徒气得用脚踢，可门还是死死地顶住，纹丝不动。见踢不开门，歹徒举起手中的刀朝门身上砍去，“咣”的一声，溅出几朵火星，刀被砍了一道豁口，掉到了地上。歹徒气坏了，捡起大刀，继续朝门上乱砍，门被砍出了好几道裂口，歹徒的刀也被砍成了几截。就在歹徒准备从砍破的裂口钻进卧室时，接到报警电话的警察及时赶到，歹徒被抓住了。

主人抚摸着门身上那一道道的刀痕，心像被锥子扎了一样疼。她要用最上等的材料，请最好的工匠来把门修复。

对于客厅的柜子，主人是无论如何也爱不起来了。失望至极的主人再也懒得搭理柜子。不久之后，柜子身上长满了蛀虫，风轻轻一吹就垮在了地上，主人只得把它扔到门外的垃圾堆里。在一个风雪交加的夜晚，已成朽木的柜子被两个流浪汉捡起来劈成柴火，用来烧火取暖了。

患难时刻见真情，柜子和门的故事正好说明了这个道理。

怀旧船长点评：将物人化，将人物化，是写作中有效的办法。本篇把柜子和门当人来写，写出了门的英勇、柜子的懦弱，其命运自然迥异。写作时思维可以相互转换，路子就会越写越宽。

古堡探险记

李文静 女 11岁 籍贯河北定州

每到夜深人静的时候，古堡的大门上就会发出两团绿幽幽的光。有人说是绿宝石，也有人说那是野狼的眼睛。

今晚我决定去探秘。我穿上祖传的火神铠甲，带上试金宝剑来到古堡门前。月亮躲在云后不出来，四周黑漆漆的，几只乌鸦落在屋檐上，不时发出几声惨叫。我有点迟疑要不要继续，腿却不受控制地朝着大门移动。还没走到门前，绿光突然消失了，一股热烘烘的气息涌到我脸上。我吓得背靠柱子，打了个哆嗦，不料却触到了柱子上的隐形开关，门吱呀呀地叫着打开了。

一个人形的柜子蹦跳着朝我走来，弯腰向我做了一个“请”的姿势，还冲我抖了抖三角形的眉毛。在大厅拐角处，人形柜子交给我一把钥匙，指了指一个马蹄状的小门，要我自己打开。我刚把钥匙插进锁孔，门像带着一股巨大的磁力，将我吸在上面，直直朝里飞去。我紧紧贴在门上不能动。前面是一个几十米宽、深不见底的大坑。飞到大坑边上的时候，门突然失去了磁力，从我身上脱落飞走了，而我则掉进了深坑里。

坑底有一个透明的大火炉，炉子上贴着一张缺了一个人的照片。上面的男孩子和女孩子一身远古时候公主和王子的打扮。

人形柜子交给我一把钥匙，指了指一个马蹄状的小门，要我自己打开。

看样子他们只有几岁，一脸的天真幸福。仔细看那个大火炉，里面有一张金箔制成的中年男人的照片被火舌烘烤着。我看得有点莫名其妙。这时，一个老者跪倒在我面前，让我救救他的主人，并告诉我，捡出炉子里的照片，镶在残缺的照片上，就可以让主人一家复活。

我二话没说，跳进火炉去捡照片，可那照片实在太薄了，紧贴炉壁捡不起来。情急之下，我伸出手中的试金剑。没想到，剑尖像有魔力似的将照片紧紧黏在上面。

跳出火炉，我帮着老者将金箔照片镶在王子和公主中间。照片随即飘落下来，他们一家果然复活了。

国王为了答谢我，拿出两颗绿幽幽的宝石。那宝石发出的光跟古堡大门上发出来的一模一样。

我知道那是他们的镇国之宝，于是谢绝了好意。我说自己只想回家，话音刚落，一道光闪过，我稳稳地站在古堡前。

虽然谢绝他人的好意导致我此刻两手空空，但能够帮助他人，自己就是幸福的。

怀旧船长点评：入宝山而空手回，是一种取舍。舍利而得义，是一种精神境界。否则，就算故事写得离奇曲折，也会大打折扣。所以，写作文时请注意收束时的着力点，才能起到画龙点睛之效。

我把星空搬进屋

王志豪 男 13岁 籍贯河南信阳

躲在床上，看着床前那个柜子的玻璃门上映照出的神奇夜空，我没数几颗星星就睡着了。

为了实现躺在床上数星星这一夙愿，我可是耗费了大把的精力。

这种想法来自一次痛苦的经历。

那年的夏天从未有过地热。夜晚的屋子，简直跟蒸笼一样，躺在床上，后背就跟火烤一样难受。我晚上都要拖一张凉席铺在院子中间的地上，看着月亮和几片薄薄的白云你推我一把、我挡你一下在天空中自由嬉闹，围观的星星们俏皮地挤着眼睛坏笑，我才可以忘记暑热进入梦乡。否则，这一夜肯定是睡不着的。

那夜，我又躺在院子里，想象着牛郎这会儿是不是还在编织箩筐，准备带他们的孩子去见母亲。说实话，我觉得他们的孩子也是挺可怜的，一年才能见一次母亲，他们的姥姥也太恶毒了。想着想着，不一会儿工夫，我就睡着了。夜里，一阵疼痛把我弄醒了，脚已经肿得像个大馒头，大拇指上，两个浅浅的紫红色牙印正往外渗黑血，那暗黑色的液体真是触目惊心。

仔细听，院子墙根下的草丛里，有沙沙声正在远去，一小截金色的尾巴从墙缝里一闪便不见了。

我很快进入昏迷状态，发不出声。幸好，热得睡不着爬起来用凉水冲脸的母亲及时发现，才救了我一命。

从此我就想，如果能够将星空挪到房子里，不用担心户外数着星星睡觉的危险，那该多好。那次坐公交车，车头上的倒车镜给了我灵感。

回来之后，我在院子里放了一块大镜子，再在门上装一面镜子，最后在床前的柜子上装一面镜子，通过层层的反射，终于实现了躺在床上看星空数星星的愿望。

从此以后，每到夏天，我便把镜子抬到院子里，打开窗户躺在床上。看着湛蓝如水的天空，星星们在丝绸一样的天幕上玩耍，还有那吊在月亮身上荡秋千的白云……燥热的心立刻变得凉快起来。有了星星的陪伴，每晚的梦都是香甜美好的。

我们一定要保护环境，如果天空被工厂排出的黑烟和汽车尾气抹脏了，我们就真的该睡不着了。

怀旧船长点评：本篇题目就有诗意，通过反衬的写法表达了一位少年的渴望。星空原本明亮，是人类的污染导致环境恶化，只能通过镜面反射来实现梦想。文章从侧面入手，以全新的角度直击环保问题，是成功的尝试。

幻 觉

寇晓雨 女 11岁 籍贯四川彭州

村口的那座祠堂因为年代久远无人管理，大门上的油漆红一片白一片，门前的柱子下方还布满密密麻麻的虫洞洞。大人们都一遍遍叮嘱自家的孩子，祠堂里不干净，不要去那里玩儿。

可我，偏不信。

晚上十二点钟，我拿了家里最亮的手电筒偷偷溜出家门。虽然自认为胆子大，但听着蝙蝠在屋檐下扑扑地扇翅膀，我的心还是在咚咚地狂跳。我走向那扇门，用手一推，手上立刻沾了一层厚厚的灰。

听见响动，几只老鼠顺着摆在大厅右侧的柜子窸窸窣窣地爬到屋顶，蹲坐在横梁上，转着小鬼眼看着我。我来到柜子前，柜子里好像有很多关于我们家族的照片。我打开柜门，一张张地翻看。其中有张好眼熟，一个男人和一个女人的背影，他们拖着旅行箱朝前走，后面不远处，一个短发小女孩拼命迈着小短腿在追赶。这不是七年前我追赶外出打工的爸爸妈妈的情景吗？谁拍的照片？又是谁放在这里的？看这照片怎么也得二三十年了吧。我顿时觉得一切都透着怪异。我的手指刚碰到一张老年人的照片，突然就听得“咚”的一声，眼前出现了一个老人。他自称是我爷爷的爷爷，也就是我的“老太爷”。他瞪着我朝我走来，眼神冷冷地，让我看了有点害怕。他不会抓我走吧？我可不想死。想到这里，恐惧冲击着我的脑门。我一步步往后退，但“老太爷”却步步紧逼，眼看就退到墙根处了，我实在无路可逃了，但“老太爷”并没有伸手来抓我，而是直直地穿过墙壁消失了。

我捂住胸口，感觉心脏快要跳出嗓子眼。手上的照片落到了地上，照片上的老年人望着我，眼神慈爱中还带着一丝丝期待。那眼神，像极了爸爸看我时的眼神。

想起自己平时最爱跟爸爸妈妈赌气，耍小性子，我的眼泪流了出来，抬手擦掉眼泪，转身准备回家，却发现眼前的柜子里并没有照片，只有几本记录族人姓名的大书。

我轻轻地关上祠堂的大门，溜回家中。还好，爸爸妈妈睡得正香，没有发现我。

怀旧船长点评：想象力是推动科学和社会进步的源泉。在写作上，可以像本篇一样使文章内容更加丰富多彩，文字鲜活生动。通过小作者的笔，一幅幅奇幻的画面展现在眼前，让人惊讶、叹息、感动。

诡 画

张强 男 13岁 籍贯河北邯郸

客厅的柜子门上，贴着一幅大海的画。画中，红色的珊瑚随着海波在摇动。几条银色的小鱼跳出水面，朝我游来。站在柜子前的我不自觉地伸手去接，不料一股龙卷风把我卷了进去。

我落到了海底世界。曾在海洋馆给人类表演顶皮球的白色小海豚向我游来，一脸的焦急与酸楚。我热情地跟它打招呼，它也只是礼节性地给我一个拥抱，然后急匆匆地游走了。我感觉脸上有凉凉的液体在滑动，伸手一摸，原来是刚才小海豚流下的一滴眼泪。是什么让它如此伤心？发生什么事了呢？我决定跟在它后面去看个究竟。

尾随小海豚来到一处宫殿，小海豚进去之后随手关上了门。我跟上去趴在门边从门缝往里看。只见屋里的床上躺着面色苍白的海豚妈妈。它不停地咳嗽，脸涨得通红，喘不上气来，身体缩成了一颗大豆。海豚妈妈将嘴巴凑在女儿耳朵上，嘴唇翕动，似乎在交代着些什么。小海豚不住地点头，眼泪汹涌而出。

我推开门，朝海豚母女走去。看到我，小海豚一点也不惊讶。它告诉我，前不久，海豚妈妈在赶集回来的路上，正好遇到了海面上人类运输石油的船破裂。黑乎乎的石油渗入海水，呛鼻的恶臭铺天盖地朝它们袭来。小鱼小虾们四散逃窜，但绝大多数最后都因挣不脱黏稠的液体而死亡。海豚妈妈本来已经游到了安全区域，但就在它冲出石油污染区域准备洗掉身上的脏污时，它听到了小乌贼撕心裂肺的哭喊。作为一位母亲，最见不得孩子受苦了。于是，海豚妈妈反身冲进那些黑油里寻找。循着断断续续越来越微弱的哭声，海豚妈妈看见小乌贼正在一团浓稠的石油里挣扎。海豚妈妈冲到小乌贼身边，拖着小乌贼就往外走。小乌贼完全失去了知觉。海水里的气味实在太呛鼻了，海豚妈妈需要大口呼吸，它吸进了好几口有毒的石油。

最后，海豚妈妈拖着小乌贼来到了安全区域，结果小乌贼因为在挣扎过程中吸入了过多的石油到肺里，回到家两天也死去了。

海豚妈妈也因此染上严重的肺病。医生说，顶多再活两个月。说到这里，小海豚的眼泪又流了下来。

看着小海豚脸上滑下的眼泪，我的心也碎了。真的，人类如果再不注意保护环境，以后就看不到这些可爱的动物们的笑脸了。

怀旧船长点评：本篇也是写环保，通过触目惊心的画面具体描述海豚的遭遇，视觉冲击力很强。这是材料的成功运用。当我们想表达一种观念时，材料的力度决定文章的内容和质量。所以，选择素材，是中小学生必须修炼的基本功。

鲨鱼妈妈

刘若松 女 11岁 籍贯河北石家庄

古老的小镇上有一座城堡，城堡的门差不多都是粉色的，只有西边角落有一扇从未被人打开过的门，是黑色的，让人看着有点诡异。

玛丽是这座城堡主人的独生女儿，因为生下来就有孤独症，常常一个人玩耍。那天，她走到这扇黑色的门边，门上贴着的那幅鲨鱼的图像竟然滴出一滴眼泪，正好落到了玛丽的手上。玛丽仰起苍白的小脸，看见眼泪正从鲨鱼的眼眶不断涌出，一颗接着一颗，像断线的珠子。玛丽的心像被什么东西扎了一下，她伸手想替鲨鱼擦去眼泪。

就在她的手指触到鲨鱼的眼睛时，那道黑色的门突然开了。里面漆黑一团，什么也看不见，但隐约能听到海浪的声音。玛丽走了进去，身后的门“砰”的一下关上了。眼前有一个巨型的玻璃柜子，柜子里散发着七彩的光。玛丽将脸贴在玻璃上往里看，里面是一片大海。金色的阳光照着沙滩，海面平坦幽静。鲨鱼妈妈正带着鲨鱼宝宝在海面上游玩。突然一柄大钢叉刺向鲨鱼宝宝，手持钢叉的人，正是玛丽家的仆人。钢叉划过鲨鱼宝宝娇嫩的皮肤，殷红的鲜血涌了出来。吓傻了的鲨鱼妈妈一下子反应过来，它扑上前去，一口咬住那柄钢叉。又一柄钢叉刺来，这回不是刺向鲨鱼宝宝，而是刺向鲨鱼妈妈。吃痛的鲨鱼妈妈并没有松口，依旧死死咬住鲨鱼宝宝身上的钢叉不松口。“咔嚓”一声，鲨鱼宝宝身上的钢叉断了。鲨鱼宝宝带着伤潜回了海底。

仆人们将鲨鱼妈妈拖到岸边，用明晃晃的刀割开鲨鱼妈妈身上的鳍，从里面挑出一根根白色的细筋。鲨鱼妈妈死在了海滩上，白色的细沙被鲜血浸成了暗红。太残忍了！看到如此血腥的场面，玛丽差点晕了过去。突然，眼前的柜子消失了，海滩也消失了。外面妈妈正在焦急地呼唤她回去吃晚饭。

饭菜上桌了，为了给玛丽补身体，仆人端来了一小碗漂浮着白色细筋的汤。玛丽看着那些细筋，眼前晃动着鲨鱼妈妈抽搐死去的画面。她抬手将汤碗打翻在地，指着妈妈哭喊：“是你们的残忍杀死了鲨鱼妈妈！”

玛丽知道，妈妈爱自己。但是，所有的孩子都是妈妈的宝贝，所有母亲都是值得尊敬的，无论人类还是动物。

怀旧船长点评：本篇细致的描述同样具有震撼人心的力量。这些画面来自小作者平时的知识积累，写得逼真准确。作文的内容靠平时的积累，知识储备必不可少。电视、网络、书籍等均可提供各类材料。如同做饭一样，材料丰盛才能做出各类佳肴，也有更多的选择余地。此外，“以情动人”是记叙文的基本概念，无论动物还是人，只要写得情真意切，读者的情感就会被代入，文章自然成功。

第九辑　未来

写作，说到底是思维的开发与运用。而思维的开发与运用，即为想象力。

“未来”因没有发生，故而是想象力驰骋的广袤疆场。

本辑，孩子们真正挣脱思维的束缚，自由发挥想象，描摹心中的未来世界。在这个世界里，孩子们出离现实生活中的烦恼，变得更加自信，所思所想带着积极向上的力量。他们将憧憬中的未来当成了强劲的牵引之力，至少在精神世界中构建了梦想的家园。

诚然，用成人的目光去看，孩子们对未来的描述有不符情理之处，但这种天真的渴盼不正是幼苗成长中最值得珍惜的吗？

虚实之间

黄抒涵 男 13岁 籍贯安徽黄山

乌云滚滚，雷雨随之而来。像这天气一样，安卡的心情也是一阵阵地难过。在两个小时之前，他的好朋友彼得和他说，可以给他一个赛车模型，但不久后彼得一走了之，连一封信、一句话都没有留下。

安卡晃了晃脑袋，想把脑中的烦恼强制甩出去。不久，他站在一片空地上，周围是树木独有的苍翠。他向森林深处走去，只有一塘碧水。他跳下水去，再浮上来时，手里竟抓着一条银色的小鱼。更多的鱼游到他身旁，在他身边滑来滑去。安卡舒服地躺在水中，再也不想起来了！

一口水呛住了他，他立刻从水中跳起，大口大口地呼吸着新鲜空气。他突然发现森林变黑了，原本的绿色如丝绸般飘在空中，仿佛伸手就可以摸到。瞬间，绿色开始模糊。

安卡从水中爬出，去追寻那变幻的绿。奔跑，现在他的脑子里只剩下奔跑。当脚步停下来时，安卡看到了一束光，还有一个光洞。绿色飘入光洞，安卡也跟着跑了进去。

眨眼间，安卡从床上蹦了下来，脑中还回荡着那奇幻的景色。下一秒，安卡才发现原来是一场梦。但安卡已不管是不是梦，因为他脑中的图像清晰无比，神秘、幽深、立体，比现实更加诱人。他要像追逐那变幻的绿色一样，在意念和思维中复原迷人的场景。

那时，安卡不再理会那些身旁之事，打开计算机，不分日夜地开始了探索的旅程。

当彼得拉着金发碧眼的女友来看他时，他的胡子已经盖住嘴唇。

当彼得拉着胖嘟嘟的小女儿来看他时，他的眼窝已经深深下陷。

当彼得的女儿来请教安卡叔叔如何屏蔽手机上的垃圾信息时，他只用五分钟就解决了问题。

十八年，在时间的河流里只是一朵浪花，但对于安卡而言是全部心血。由他研究发明的 3D 技术刚一问世，就获得了全世界的宠爱。

他很庆幸，自己并没有与亲人朋友讨论十八年前的梦境，因为把人生中最好的年华用来追梦，会被嘲笑和阻止。人们只看结果，并不在意过程。

现在，中年人安卡喝着香槟，坐在自家的客厅里观看空气中的 3D 电影。幽深的森林，静谧的池塘，俯冲过来的银鱼，如丝绸般飘动的绿色……这些不再是梦，是可以以人的思维随意更改的立体图像，而且那种无法分清梦幻与现实的沉浸感，让生命的体验如此不同！

"老朋友，你好！"安卡的眼角淌出了晶莹的泪珠。

虚，并不是全为假；而实，也不是全为真。虚实之间，才是真正的现实！

怀旧船长点评：未来是科技的世界，梦想是开启未来大门的钥匙。中国青少年参与世界的竞争，从想象力开始。抒涵同学构建了想象力与科技的逻辑关系，结构浑然天成，表述极富才情，写出了超年龄段的佳作，可喜可贺！

安卡从水中爬出，去追寻那变幻的绿。奔跑，现在他的脑子里只剩下奔跑。

还我明天

陈超 男 12岁 籍贯河南信阳

灰色的烟覆盖着城市。嗅到的不是清新的空气，而是变质刺鼻的烟。原本浓郁青翠的丛林变成了枯烂的黑色。小鸟费力地拍打着翅膀，越飞越低，越飞越低，突然一下子跌落到地上。

海上和海里也只剩黑色。从宇宙上看地球表面，是一个又灰又暗淡的外表。全世界的科学家都伤心了：我们已经失去了好多的科学家朋友，但是我们一定不能失去我们的母亲——地球啊！

看着越来越不适合生存的环境，全世界的人都慌了。人们终于联合起来，决心用实际行动拯救地球母亲。随处可见的公告栏上写着：没有母亲就没有我们，没有地球就无法生存。所以我们一定要解救地球，让我们的母亲健康长寿。

人们团结起来，开始改造环境。他们决心从零开始，重新打造自己的家园。伟大的科学家们有信心打造一个全新的世界。

刚开始，人们也不团结，总有人藏着私心，也有人心存侥幸，但是死亡之神在一天天威胁着他们。他们眼见着身边的亲人被恶劣的环境夺走生命，无法下咽的食物威胁着自己的健康，只得放下私心，真正地团结起来。他们从身边的小事做起，不再乱扔垃圾，人人开始节约用水，围山栽树，停开汽车，关停冒黑烟的工厂，互相监督举报并制定了严格的惩罚措施。环境执法队伍人数超过了警察和军队的数量，全国大中小学的学生每周都必须参加一天环境治理活动。

又过了十年，环境已经被修复得差不多了，大地重新穿上了绿衣服，小鸟们整天在树林里开演唱会，海水也变蓝了。恢复生气的地球，像母亲生病的肠胃被医生打扫干净一样，身体越来越好。人们仿佛听到地球母亲在说：谢谢你们，我的病已经恢复得差不多了。只要你们好好保持现在这个状态，不再乱砍滥伐，不再破坏环境，我就会跟你们永远生活在一起。

世界的暗淡脏乱，被人类坚持不懈的精神给打败了。

地球从此干净了。

怀旧船长点评：陈超同学描述了未来的两种情景：污染和治理，用积极的心态去看待社会发展。人类的发展正是在克服无数问题的过程中逐步前行的。几千年来如此，未来的几千年也将如此。作文点出了人类发展的实质：坚持不懈的精神。

角　色

宋宇欣　女　12 岁　籍贯黑龙江牡丹江

半个世纪过去后，我发现我变了，从那个天天在学校待到饿得不行才肯回家的小学生，变成了科学家。

站在这个电子地球上，我的嘴角微微向上一挑。

当月亮从天空中探出头来时，我的朋友来了。他是一个电子人，全身上下的细胞都是电子微球。每当他通过特殊的眼睛看见我的影子在地上慢慢挪移时，他总是立刻微笑着出现在我面前，接我回家。不管他愿不愿意，这都是一件他想反抗又不得不做的事，因为他是我制造的机器管家。

我现在是这个世界的王，站在人类最顶端。这个世界是我创造的，所有人的生命都是我给予的。每个人只要听见我的脚步声，都会立刻放下手中的一切给我敬礼，因为谁都不想死，不想被我结束生命。

回到家中，刚换上舒服的家居服，我听到了一阵刺耳的声音，那是一种像两个坚硬的物体擦击发出的声音。同时，在我的实验室里，飘出了一股什么东西烧焦的煳味。我很奇怪，因为我的这个机器管家从不未经允许就碰我的东西。我走过去一看，他正身穿我的衣服，在做着什么。

“你在做什么？”我有些焦急地吼了一声。他今天的行为实在是有点古怪。

可他什么也没有说，只是像往常一样笑了一下。我很生气，觉得他也真是太无礼了。当然，如果我想，可以马上让他死，但我还是想看看他到底在干什么。僵持了一会儿后，他才慢慢将身子转了过来，微笑着对我说：“朋友，你来了。”

我惊讶地发现，他，已经变成了我。

他指了指我身后的镜子。我不知道什么时候这里竟然多出了一面镜子。

镜子里，我竟然变成了电子人！不，也许我一直都是电子人吧！因为，我从来都没有发现，我的后背上装着一个电插头。

怀旧船长点评：本篇具有悬念小说的感觉，前面的铺陈都是“幌子”，结尾意料之外的情形才是重心。情节设计别出心裁。在未来的世界，人工智能必然冲击我们的生活，究竟是机器人控制人类，还是人类控制机器人，抑或是双方和谐相处？答案，只能交给明天。

游艇上的生活

高宏硕 男 12 岁 籍贯山东德州

一千三百年以后，地球被人类毁灭了。幸亏中国通灵公司研制成功了一艘宇宙游艇。这款超巨型游艇的问世，就好像在黑暗的山洞里发现一丝光芒，虽然微弱，但让人看到了希望。

全球人民都在欢呼。

作为通灵公司的技术总监，我登上了自己研发的这艘游艇。游艇里面配备有许多美丽又善解人意的机器女仆。进到游艇里，机器女仆会给每个人安排一个多功能座椅。游艇上面有很多轨道，坐上你的多功能座椅，可以穿梭在游艇的任何地方。游艇里面分为几大区域，有食品区、服装区、水果区、游乐区……

游艇里面给每个人准备的房子都是统一的：一套高级房，一套中等房，一套精良房。房里面的摆设完美得挑不出一点毛病，每套房都配有许多机器人小姐和男仆，他们性格温柔又懂礼貌，负责家中各项事务。需要什么的话，只要在房间里按下不同的按钮，他们马上就会出现在你的面前。每天回到家，负责煮饭的机器人男仆已经为你煮好了香喷喷的饭菜，负责家居的机器人小姐已经放好了洗澡水。

游艇里面的商场有一万个足球场那样大，如果你想逛完，不在里面逛上十几天，你是绝对出不来的。商场里的服务员全部是机器人，看上哪些东西，不需要用钱，你只要停在食物和物品的面前，用手一指，服务员就会将东西打包交给你身边的机器人男仆，直接拿回家就可以了。

如果逛饿了，商场里到处都是好吃的。那些美食会让你的眼球都想跳出来，而且都是机器人根据人类最喜欢的口味做出来的，兼顾了身体所需的各种营养。你只要吃上一口，就有想把舌头都吞下去的冲动。

人们把工作全交给机器人干，整天大吃大喝，出门也不用走路，一个个全都变成了超级胖子。

虽然现在的生活又方便又富裕，但这一切是用毁灭地球的代价换来的。一想起这个，我的心里还是会感觉酸酸的。

怀旧船长点评：本篇的设计也颇有张力。前面奢华的叙述只是为了最后的点题作铺垫，形成了强烈的对比：巨型游艇虽然舒适安逸，但不接地气，仍然不能与生活在地球上相比。文章颇似《机器人总动员》，很有警示意义。

小发明改变大世界

孙悦悦 女 12 岁 籍贯安徽临泉

厨房里，妈妈正指挥着机器人在做饭，这是2036年的一个傍晚。

自从我家新添了机器人，妈妈每天都笑眯眯的，因为这是她的女儿——我发明的。

机器人很聪明，有好多的事情一学就会。每天我早上起来，满屋菜香。当我洗漱完毕，妈妈立刻指挥一个机器人把饭菜一一摆上桌子。我和爸爸还有哥哥闻到这些饭菜的香味儿，不由自主地开始吞口水。这哪里是普通饭菜，简直就是满汉全席呀！

要知道，这些都是我的妈妈和我创造的机器人的功劳哦！好吃又饱含着满满的爱。

再看看周围，机械姬正在帮妈妈打扫房间。不到五分钟，家里到处都干净得跟镜面似的。

吃完早饭后，我来到了屋外。踩着云团望向远处，家家都在用我发明的“云朵屋”。“云朵屋”建在云朵上，材料都是用的木头。家家都是一座飘动的小木屋，简洁而不失高雅。

为了防止建在云上的木屋被风吹得到处乱移，互相碰撞，撞坏其他的房屋，我还发明了一个“保护罩”。这个“保护罩”将木房屋罩起来，不用的时候，罩子会自动收起来放在屋顶。要是赶上刮风，罩子就会自己打开将房子保护起来。有一次，我家被风吹得到处乱飞，眼看就要撞上别人家的屋子了，幸好保护罩及时打开，两座木屋跟电磁铁同极相斥那样自动弹开了。我家的屋子紧贴着邻居家的屋子错开了，我们都没有受到伤害，不过我们家人就跟坐了一次“过山车”一样。

如果想到别的地方去，一出门，踏上一片“小云朵”，“嗖”的一下就到了目的地。“小云朵”可以让我们想玩什么就玩什么，想看什么就看什么，只要点一下“小云朵”里的按钮就可以了。

自从大家搬进了“云朵屋”，地面上的环境再也没有遭到破坏。大地上全是稻田、树林、草地、花园、湖泊、沙滩。如果想要返回地面放松心情，踏上“小云朵”就来到了地上，清新的空气让你想躺在草地上打几个滚儿，再美美地睡上一大觉。

面对这一片美景，我笑了，地球妈妈的脸上也浮现出了笑容。

怀旧船长点评：先有想象，再有创造。科幻小说和电影在西方大行其道，还真有许多发明受了科幻作者的启发而变为现实。存储设备、机器人、平板电脑、卫星定位系统、万能翻译器、诊断床等科技发明正是源于科幻作品。中国青少年应当大胆想象，写出千姿百态的作品，或可为科学家的发明带来启发。本篇想象大胆，既像科幻，又似童话。

三大家族

陈登雯 女 12岁 籍贯河南固始

五百年以后，我们生活在茫茫宇宙中的一个岛屿上。

小岛上住着三大家族，分别是水族、陆地族、天空族。我是天空族的族长。我们三大家族和平相处，共同守护着这片供我们生存的岛屿。

我们三大家族有一个共同的特点，就是我们的生命都是靠一种名叫“生命豆”的小糖豆来维持。生命豆的制作过程非常复杂，常常供不应求。每年都会有人因为不能及时得到生命豆而死去。从外形上看，生命豆跟一般的糖豆没有多大区别。但它的味道很特别，吃到嘴里，它的味道变化顺序先是感觉到一点酸，接着会让你尝到一丝甜，随着甜味的加重，你又会觉得尝到了苦味，随即化开的糖水流到舌根，你会感受到一股呛人的辣味，等流到嗓子眼时又会让人尝到咸味。小小的一颗糖豆，它让我们尝尽了世间的味道，既感受到食物的多样味道，又体验到了生活的味道。

在一次盛大的技术研讨会上，我们三大家族在讨论关于如何更好地保护岛民生命这个问题时，发生了一些争执。我们天空族希望三大家族可以合力研制出会飞的翅膀来躲避灾难，像小鸟一样，遇到灾难时可以随时随地张开翅膀躲开，翅膀也可以反复多次使用，这比吃生命豆方便快捷。但是，水族的人不同意。他们希望可以把生命豆替换成鱼尾巴，鱼尾巴不但可以帮助他们逃跑，还可以在需要的时候当武器攻击敌人。可陆地族坚持用生命豆来维持。就这样，三大家族从争执开始，谁都不愿意让步，最后引发了战争。

我们每个家族都拿出自己最有威力的武器，像核武器、导弹等通通搬出来了，血拼了一场，岛屿被我们打得寸草不生，环境也彻底被毁了。打到最后是同归于尽，没有一个家族取得了胜利。

打到就剩我一个人的时候，我环顾四周，嗅到的是一股浓浓的血腥味，伤痕累累的族人静静地躺倒在地上。我突然领悟到，是自私毁了我们。我们都想让自己的家族更强大，都希望别人变成自己的附属品，我们都错了。

我流下了最后的一滴眼泪，轰然倒下。

怀旧船长点评：赢了战斗，输了人生。本篇以三大家族的战争为内容，最后总结出当自私变成心魔无法驱除时，毁掉别人的同时也毁掉了自己。一个健康的社会应当相互理解和包容。这种反思在青少年时期就播下种子是难能可贵的，它是健康人生的起点。

洗手池上面伸出来一个钳子，拿起牙刷挤上牙膏，开始帮我刷牙。

二十年后的一天

张雨欣 女 12 岁 籍贯湖北宜城

未来的生活丰富多彩，舒适又安逸。

早上该起床了，闹钟响起。“丁零——丁零——”闹钟在桌子上足足跺了五分钟的脚之后，见我还没有起床的意思，天花板上伸出一个大钳子夹住我的腰，把我从床上拽了起来，同时，钳子上的两只像手指头一样的爪子，不停地挠我胳肢窝，刺激我的睡神经，让我清醒。

到了卫生间，洗手池上面又伸出来一个钳子，拿起牙刷挤上牙膏，开始帮我刷牙，刷完牙又开始给我洗脸。一直迷迷糊糊的我，脸上被凉水这么一浇，就彻底从迷糊中清醒了。

我开始换衣服，我现在的衣服是必须每天一换的。今天该穿什么衣服，机器人早已帮我选好放在更衣室了，洗漱完之后，机器大钳子就把我夹回了更衣室。此时，负责梳洗打扮的机器小妞已经站在房间里等我。餐厅里，负责煮饭的机器人早已把营养美味的早餐摆好，我静静地坐在桌前，等着负责喂饭的机器人将食物放进我的嘴里。

吃完早饭，稍微休息了一下。我冲桌子上的一个黑盒子说了句：“去公司。”

车库里的车就自动开到了院子里，打开车门等着我。我刚坐进去，车就自动开了起来。走了五分钟，不好，前面好像有事故，路上堵车了。不等我开口，汽车自动伸出两个翅膀，从拥堵的路段上空飞了过去。

晚上下班的时间到了，车又自动开过来了。我上了车，今天想体验一下自己开车的乐趣，走了一段，我觉得累了，就打开自动驾驶模式，让车自己按照原来的路线送我回家。

回到家里，刚洗了个手，换上家居服，机器仆人已经将准备好的水果放在桌上。我吃了一串葡萄半个苹果,晚饭就上来了。

吃过晚饭一小时后，房间里有个温柔的声音响起：“主人，你该出去跑步啦！”

我懒懒地靠在沙发上不太想动，催促的声音又响起：“主人，你是想要变成肥婆吗？”

哼！谁要变成肥婆啊？我不高兴地翻了个白眼，爬起来跑步去。跑了一小时回来，我满身大汗，冲了个澡，很快就进入了梦乡。

这是二十年后我的生活。这种发明很好，它不会让人太懒，也不会太累。我喜欢这样的生活。

怀旧船长点评：本篇专注描绘未来生活，主题并未升华，但因其动感画面逼真而具有可读性。所以，自然而有趣味的描述也是成功的写作。

未来的房屋

李文静 女 11 岁 籍贯河北定州

随着科技的飞速发展，转眼间到了二十二世纪。家家都住上了漂亮独特的房子。

我的房子能大能小，出门的时候，按一下门上的按钮，房子就变成了存钱罐大小，往随身背的小包里一放，想把家安在什么地方就安在什么地方。不用担心找不到旅馆，也不用担心小偷。到了需要休息的地方，掏出房子再按一下按钮，房子就恢复了原来的大小形状，家里的摆设一应俱全。想要什么，按一下按钮，机器人就立刻从天而降，微笑着出现在我的面前。坐在软绵绵的宽大沙发上，机器人会自动上来帮我按摩消除一天的疲劳。一会儿工夫，厨房里的机器人端上香喷喷的菜肴。家里的万能墙壁散发出氧气，坐在家里，就能享受像大草原上那样清新的空气。

吃完饭，洗碗呀清扫卫生呀这些工作当然不用我亲自动手的，有家里的机器人干家务，它收拾碗筷又快又干净。

睡觉的时候，房间里的灯会自动关灭，播放催眠曲，我很快就进入了梦乡。到了上班的时间，闹钟会叮叮地自动响起来。机器人为我穿好衣服，为我刷牙洗脸，还准备了丰盛可口的早餐。

小汽车已经停在门口，随时听我的吩咐。车上有红黄两个按钮，按下红色按钮，我可以告诉车子要到达的地方，按下黄色按钮可以提供食物与果汁。喝着新鲜的果汁，车里还会飘出跟果汁相同味道的香气，让我仿佛就在果园里摘果子一样。

到了午饭时间，机器人会给我一个玩具熊让我抱着，我可以像小孩子一样，一边玩玩具一边张口，饭菜有机器人喂到我的嘴里。如果生病了，按下房间里带十字的按钮，就会有机器人医生来给我治病喂药。万一有匪徒闯进家来，房间会自动报警关闭房门，并将我单独保护在一间房子里。

我最喜欢的是房屋后面的院子，长满了异香扑鼻的各种花草，这些花草不但美丽清香，还可以直接摘下来食用，不用担心吃掉了没有了。因为吃掉一朵，马上又会长出来一朵。花园里装有电脑自动喷水装置，保证这些花草不会枯萎。

未来的房屋都是这样的奇妙无比，漂亮、美丽、方便、宽敞。

怀旧船长点评：本文的可贵之处在于运用几种感觉，将未来的生活描绘得如同就在眼前，有较强的代入感。这是想象力训练已初显成效的缘故。拥有想象力，就能将各种关系的材料有机整合，勾画出逼真的情景。

奇异的婚礼

孙梦璐 女 11岁 籍贯河南开封

碧蓝的天空中挂着一轮火红的太阳。现在是早上八点，我已经打扮一新，乘上超光速飞行器前往火星参加一场婚礼。

我看着舷窗外电闪而过的各类飞行器，在想：外星人和机器人结婚，将来会不会生出半人半机械、三角形脑袋的孩子呢？

到达婚礼现场，客人们都到得差不多了。我们把准备好的花形和心形的烟花点燃，天空中顿时热闹起来，比我们现在过节还要热闹。客人们坐在云团上，扑扇着一对对美丽的翅膀。大家的服装奇形怪状，有的穿的是各种花朵样的裙子，有的穿的是各种形状的水果，还有穿大树来的。现场里的服装真是各式各样，多姿多彩。婚宴现场的桌子上摆满各种美食，有新鲜的水果，心形的巧克力，草莓味、芝麻味的驴打滚，还有冒着气泡的香槟。让我感觉到好笑的是，现场还有许多玩具，穿着漂亮衣服的芭比娃娃、力大无穷的变形金刚。旁边还有游乐场、电影院……我都开始怀疑，这是举行婚礼的现场吗？

等大家都吃饱喝足之后，新郎新娘终于要入场了。一开始，我以为就一对新郎新娘，不可思议的是，长相完全一样的外星人新娘和机器人新郎相继牵手走出来，跟电脑里复制的一样，我都数不过来到底有多少对儿新人了。天啊！难道外星人妈妈能一下生出这么多个长相相同的多胞胎女儿吗？简直分不清谁是谁了。我真担心新娘新郎一松手就会拉错对方的手。

带着疑问，我跑到一个角落，打开了随身电脑查询，原来机器人新郎是靠装在眼睛里的红外扫描装置来识别自己的伴侣的。这也许就是人们常说的“来电”吧。

我回到家中，躺在文具盒床上，一直回忆今天这场奇异的婚礼。我祝他们白头到老，子孙满堂。想着想着，我就进入了甜美的梦乡……

怀旧船长点评：本文切入点妙，以抓人眼球的“婚礼”作为表现未来世界的内容。未来世界自然相当广泛，需要我们找到“切口”，也就是表现角度。角度在破题、写作时极为重要。在写作之前必须想到面对同一题目，多数作者将如何解题、如何写，再从不同的角度切入。这是使文章新颖的最好方式之一。

海底王国

郑梦婷 女 11岁 籍贯河南周口

3090年，我的爸爸是一名船长。

那个夏天，爸爸开着船带着我们全家去海上环游。

我们家的这条船很大，简直就是座海上城堡。船上最底层有个甲板，甲板旁边没有围栏，可以直接坐在甲板上脱了鞋，把脚放进海里，海水抚摸着我的脚，像挠痒痒一样麻酥酥的。

我坐在甲板上，海水按摩着我的双脚，一阵阵的清凉从脚底传至头顶。玩得正开心，突然看见一条美人鱼在挣扎。原来那美人鱼的一条腿被大船下面拖着的网给缠住了。她很惊慌，因为美人鱼的腿是不能被人类看见的，要是被人类看到了，她就再也回不到海里了。我急忙找了根长棍子，绑上一把锋利的刀，伸到水里帮她把缠住腿的网割断。她挣脱网就跑。我想跟她做朋友，见她已经沉到水下，我有点沮丧，伸着脖子张望。我想看看她是不是跟在我们的船后面。一不留神，我像被什么东西带了一下似的，掉到了水里。奇怪的事发生了，刚落到水里，我的腿立刻变成了鱼尾巴，两颊也神奇地长出了鳃，在水中呼吸就如同岸上一样自然。被我救下的美人鱼在前面不远处冲我微笑，于是我游到她的身边。我们像已经认识了好多年似的，立刻成了好朋友。她告诉我，她的名字叫伊沙贝拉。

伊沙贝拉请我去她们的海底王国做客。来到她们的王国之后，眼前的一幕把我看得眼花缭乱，我看到了好多漂亮的美人鱼，还有帅气的鱼王子。

伊沙贝拉带我去见女王，没想到海底女王是伊沙贝拉的母亲。刚到皇宫门口，我听见女王和她的大臣们正在讨论怎么把海上的船都赶走。女王说要用她的权杖呼唤暴风雨把船打翻，伊沙贝拉及时站出来阻止她的母亲，说人类是他们的朋友，不能那样做。我没忍住，上前把我的身份告诉了他们。

因为伊沙贝拉跟她的母亲说是我救了她一命，女王才决定对我家网开一面。但海上总有人类的船只时刻危及他们的生命，作为女王，她有义务制止危害发生，保护臣民的生命安全。女王让我赶紧回去告诉我爸爸，把船开走，否则连我家的船也一起打翻。眼见没有商量的余地，无奈之下，我只得走出王宫赶回家报信。

我刚走，我的朋友伊沙贝拉就跟着我出来了。没走多远，不幸的事发生了，伊沙贝拉突然被海怪捉走了，女王得知这个消息，觉得是我害了她的女儿，更恨人类了。

伊沙贝拉有个姐姐叫科拉，科拉头上有个发卡，只要取下来一划，就可召唤海底下的所有鱼类集合。我跟着这些鱼齐心协力把伊沙贝拉救了回来，为此我还受了伤。见我奋不顾身救伊拉贝拉，女王相信了女儿的话，不再仇恨人类，她说她愿意和我们做朋友。

眼看着灾难被成功阻止，我得赶紧回去，要不然我的爸爸妈妈要担心我了。刚爬到甲板上，我的腿变回来了，两腮又恢复了原样。妈妈正在大声叫我上去吃晚餐。

当我们的船又开始前行的时候，伊沙贝拉一家浮出海面，依依不舍地跟我们告别。

怀旧船长点评：在初中和小学阶段，学生重点掌握好叙述和描写即可进入写作之门。本篇叙述和描写都很详细，且依附具有冲突的故事情节。在设计故事时，同学们应当学会设计矛盾和冲突，才能使故事有看点并牵动读者的心。

机器人的反抗

付贤会 女 11岁 籍贯河南固始

二百年后的一天，我睡在智能床上，晨风轻轻抚过我的脸，随风飘来的一阵饭香把我弄醒了。

我两眼放光地盯着桌子上的那些美味，口水打湿了枕头。

见我醒了，管家走了过来，他端着托盘在床上帮我洗脸刷牙，把我打扮好之后才扶我走到餐桌边。说他是我的管家也不全对，实际他是我买回来的机器人，一直照顾着我的生活起居，如今我俩相依为命，他就像我的家人一样一直待在我身边，不离不弃。我身份证上的年龄虽然已经二百一十一岁了，但我能吃能喝，机器管家像我的子孙一样照顾我。

现在的生活非常美好，人类基本上都用上了机器人，不用上班，每天都像在天堂一样，无忧无虑，想要什么就有什么，想去哪里就去哪里，简直爽呆了。

可是，这样的好日子并不长久。虽然现在人类和机器人生活在一起，可以和机器人谈恋爱结婚，可是人类总觉得，制造出机器人的目的是让它们服务人类，是给人类当奴仆用的，总是一副高高在上的姿态，像主人一样命令机器人做这做那，一点也不尊重机器人。

现在的机器人也是有思维有自尊的，如果人类对它们好，它们就会对人类好的，如果人类对它们不好，总是这样命令它们，它们也会不高兴。

终于，机器人们忍受不住了，它们联合起来，开始反抗主人的命令。更为可怕的是，由于它们的思维越来越成熟，变得比人类更聪明。它们开始反客为主，开始命令人类为它们做事。眼见着机器人开始一点一点地控制人类，人类开始担心，再这样下去，地球不就被机器人统领了吗？那人类可就麻烦了。

情况紧急，发明机器人的科学家们联合起来，赶紧研制出了一种电脑病毒，阻止了机器人的计划。终于，世界上的机器人在感染病毒之后，变成了只会为人类干一些简单粗活、不知道反抗的傻瓜机器人。

不过，通过这一次人机大战的教训，人类对“尊重”这个词的理解更深刻了，但机器人代替人类工作的历史也结束了，我们又重新回到起早贪黑辛勤劳作的状态。

怀旧船长点评：这是一篇科幻小说的雏形，若将矛盾冲突、人物个性、危机事件融入进去，即是一部好看的电影。写科幻小说并不那么难，除了了解必要的科学常识和设想未来科技发达程度外，仍然是主要表现人心的真、善、美，以及人情的爱、恨、仇。所以，要成为作家，最主要的仍然是研究人性。它是一切作品的原点。

未来历险记

王东豪 男 12 岁 籍贯河南许昌

这是 2156 年的清晨，我正在床上做梦，只听得“轰隆”一声，我被吓醒了。

难道是地震了？

我一骨碌爬起来冲到窗户边，拉开窗帘。外面好多外星人将我家的房子围起来了。不好，肯定是我们的地球被外星人占领了。

睡在里屋的妹妹也听到了声响，她跑到我身边，伸手就招来一辆白云摩托车。我虽然对妹妹的能力有点惊疑，但此刻逃命要紧，来不及多想，我跳上妹妹的摩托车就逃。摩托车刚从地上飞起来，一个外星人就发现了我们，端着一杆枪追了上来，一边追一边朝我们咿哩哇啦乱叫。妹妹带着我左躲右闪，把速度加到最快，外星人也越追越快，眼看外星人就要追上我们了，妹妹一个紧急飘移，摩托车调转九十度朝另一个方向飞去。终于，我们甩开了外星人的追击。

我和妹妹落到了一片沙漠，这里除了黄色的沙子，没有树，没有动物，更没有人。我们骑来的白云摩托车瞬间不见了。我正不知道该往哪个方向走，沙堆后面好些个外星人像从地底下冒出来似的，张牙舞爪地又扑了过来。我和妹妹吓得赶紧跑。

眼看着又要被追上了，妹妹跟变戏法似的，伸手又招来了一辆彩虹汽车。我们驾驶着彩虹汽车飞上天空，很快消失在云层里。我们到了一个五彩的屋子，我心想这回可以坐下歇口气了吧。刚一停下来，我突然觉得有点尿急。

等我解决了内急问题出来的时候，妹妹不见了。我正在四处寻找，突然听见外面妹妹在喊“哥哥”。我从门缝往外看，一群外星人把我妹妹抓住了，它们好像没有着急走的意思，都伸出一根手指头，指向我妹妹的胸口，一下子就全都钻进我妹妹身体里不见了。妹妹的身体在一点点变大，最后变成了一个超级巨型人，头顶上还插着一根大管子。

我吓得瘫倒在地上，没明白为什么妹妹会变成这样。我赶紧念了几句平时妹妹教给我的暗语，妹妹立刻停止了长大，慢慢变回原形。她过来拉着我的手，说：“哥哥，要不是你及时念了咒语，我就真变成机器人了。”

我们乘着彩虹车回来了。这次历险，让我感觉到未来真的有无限可能。

怀旧船长点评：写历险，一直是中国青少年创作中较弱的一环。据相关调查显示，西方小孩的理想通常不是做总统、律师、医生、企业家等等，而是要当海盗。当然，并不是说鼓励这些孩子长大后真去当海盗，而是体现了西方的小孩从小就有冒险精神。我们的教育中害怕“出事”，强调孩子要“守规矩”“听话”，不鼓励甚至禁止孩子冒险。然而几乎所有的学科都需要冒险精神。冒险并不是去找危险，而是培养探索的勇气和智慧。勇立潮头的人都具有冒险精神，唯此才能引领时代，推动社会的发展。至少，我们应鼓励中国青少年在思维活动中训练精神冒险。本篇即是精神冒险的一次尝试。青少年用文字进行一次次的精神探索，必将实现有价值的成长。

侧记　倾听社会底层的稚嫩呐喊

兰健

含着眼泪读完整本书稿，却打乱了之前口头应约写个“侧记”时的拟定思路。这几天是我青春期后再不会流泪的双眼的真情回归，质朴文章饱含的各种滋味，刺激了我这已快麻木的大脑，而这眼泪却是来自于我这快要干涸的心灵。

在社会分层越来越趋向固化的当下，来自孩子们的无忌心声成为我们这个时代最真切的警醒。他们健康成长的可能性，是这个社会能否步入发达和文明的标尺。他们是“木桶理论”中的“短板”,“短板”的长度决定了社会组织结构合理性的水平，也考验我们全社会能否步入现代文明。

我期待这本《追随》能尽快付印，我会买上一百本送给身边至亲好友，恳请他们看一看，让他们知道有很多孩子在踉踉跄跄地“追随”着——追随着父母，追随着社会，追随着这个光彩的时代，追随着各种看似遥不可及的可能。

新的起点就是这本《追随》可能引发的社会效应，我相信这些来自社会最底层稚嫩童声的呐喊，足以撼动每一位中国人的善良人性。

这些倾诉的背后是胜过任何心灵鸡汤的真情。

我感受这些却用了17年。1999年，我和怀旧船长去采访行知打工子弟学校（行知实验学校的前身）。从部委办公大楼里的编辑部，到这处胡同深处的“草台班子”，强烈的反差令我们震惊、感慨，却没有落泪。当年我们只看到了场景、看到了现象、采访了易校长，却没有俯下身子聆听一下这些孩子的故事，没能倾听和感受这来自底层的顽强又稚嫩的心声。

17年后，怀旧船长用实际行动挖掘出这些心声。当我读完这些小作者的文章后，才有了心灵的真实落脚点，发自内心地理解了这些幼小生命个体蕴含的朝气蓬勃、绚烂多彩的生命能量。

在媒体同人们竞相创业时，怀旧船长以一名作家的良知，身体力行，鼓励孩子们积极向上，发掘孩子们的潜能，训练孩子们掌握基本的写作方法。这种“授人以渔”的公益活动值得当下及未来文化教育界人士参鉴，因为孩子们在成长过程中的自信和技能更胜于物质的优渥。于是，这本能让读者内心震撼的灵魂心声的集子诞生了。

当年采访和拍摄行知打工子弟学校，艰辛的场景成为我记者生涯中难以抹去的一段阴郁记忆。直到有一年怀旧船长兴奋地告诉我，行知打工子弟学校学生得到了温总理接见，还要上春晚，我心中的那份无奈才得到一点缓解。我致电易校长以示庆祝，他却淡然地说：“一如既往。”这样的“一如既往”已有多少年，送走了多少毕业学生，减少了多少社会负担，这些在和易校长的交流中从未听他提及。他说得最多的就是“一如既往”，正如他一如既往带着的那份憨厚质朴的真诚微笑。

因打工子弟学校的机缘，我在以后的采访工作中，格外留意他国贫困儿童教育，希望得到一些有效信息，以转达给易校长。欧美发达国家没有专门的打工子弟学校，公立学校基本都能保障打工子弟的教育需求。一次在巴西西部瓜拉尼土族乡村学校，我反复向校长问起孩子的入学、学费、医疗等问题。校长都不耐烦了，说："你这个中国人怎么老是问这么平常简单的问题？"但我深深知道，这些看似简单的问题，却是易校长和他的学生们所面临的最复杂、最重要的问题。

斗转星移，易校长从事的底层教育工作，逐步得到了来自政府以及社会各界的关注和接纳。但现实还远远不容乐观，未来的改变和进步，需要你我继续呼吁和努力。希望未来社会再也没有压在孩子胸口的"几证齐全""学籍卡"之类的童年噩梦。

我们都听见了孩子们在说："北京，我一定会回来的……"

这是他们的"追随"。我们，也有我们的"追随"……

2017年4月15日

（兰健：曾任多家知名媒体记者、主编二十年，多年来一直关注打工子弟教育。）

图书在版编目（CIP）数据

追随 ：中国打工子弟心灵笔记 / 易本耀，怀旧船长主编．-- 杭州 ：浙江文艺出版社，2017.11
ISBN 978-7-5339-5008-8

Ⅰ．①追… Ⅱ．①易… ②怀… Ⅲ．①作文－小学－选集 Ⅳ．① H194.4

中国版本图书馆 CIP 数据核字 (2017) 第 220775 号

责任编辑 瞿昌林
装帧设计 金　山
排版制作 思　颖
责任印制 朱毅平

追随：中国打工子弟心灵笔记

易本耀　怀旧船长 主编

出版发行 浙江文艺出版社
网址 www.zjwycbs.cn
联系电话 0571-85152727（发行部）
经销 浙江省新华书店集团有限公司
印刷 浙江新华数码印务有限公司
开本 889 毫米 ×1194 毫米　1/32
字数 210 千字
印张 9.75
版次 2017 年 11 月第 1 版　2017 年 11 月第 1 次印刷
书号 ISBN 978-7-5339-5008-8
定价 29.80 元

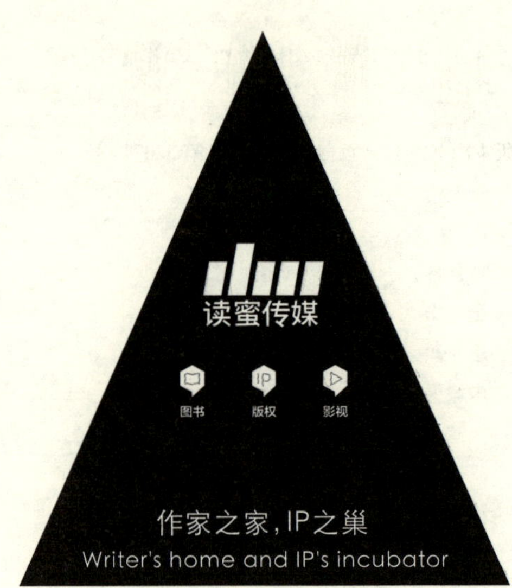
读蜜传媒
图书
版权
影视
作家之家，IP之巢
Writer's home and IP's incubator